教育部国别和区域研究系列丛书
北京语言大学国别和区域研究院
丛书主编：罗 林

阿曼卡布斯时代

从传统到现代的国家转型（1970-2020）

OMAN QABOOS ERA:
THE TRANSITION FROM TRADITIONAL TO MODERN COUNTRY

邵玉琢◎著

时 事 出 版 社
北 京

图书在版编目（CIP）数据

阿曼卡布斯时代：从传统到现代的国家转型：1970—2020 / 邵玉琢著．—北京：时事出版社，2022. 5
ISBN 978-7-5195-0473-1

Ⅰ. ①阿… Ⅱ. ①邵… Ⅲ. ①阿曼—现代史—1970－2020
Ⅳ. ①K388. 52

中国版本图书馆 CIP 数据核字（2022）第 047267 号

出 版 发 行：时事出版社
地　　　址：北京市海淀区彰化路 138 号西荣阁 B 座 G2 层
邮　　　编：100097
发 行 热 线：（010）88869831　88869832
传　　　真：（010）88869875
电 子 邮 箱：shishichubanshe@ sina. com
网　　　址：www. shishishe. com
印　　　刷：北京良义印刷科技有限公司

开本：787×1092　1/16　印张：13　字数：200 千字
2022 年 5 月第 1 版　2022 年 5 月第 1 次印刷
定价：88. 00 元

国家社科基金重大项目“阿拉伯史学经典《历史大全》的汉译与研究”（项目编号：19ZDA238）的阶段性成果

目录 Contents

绪　论

第一节　阿曼国家转型研究的选题意义及研究现状

1970 年卡布斯苏丹上台执政以来，推动了阿曼的国家转型，在 50 年的时间内，阿曼从一个传统的中世纪国家转型为现代国家，综合国力和社会面貌发生翻天覆地的变化。西方学者较早关注到阿曼的国家转型，将研究重点放在卡布斯苏丹推动国家转型的路径上。但由于卡布斯苏丹没有子女，没有同胞兄弟，也从未公开指定继承人，西方学者对于后卡布斯时代充满担忧。早在 1987 年，卡尔文·艾伦（Calvin H. Allen）就提出卡布斯苏丹的继任者将面临政治稳定的难题。[①] 2014 年卡布斯苏丹赴德国接受治疗，在身体状况恶化的情况下，仍然没有明确指定继承人。西方学者更加关注阿曼后卡布斯时期的不确定性，阿曼在后卡布斯时期的国家转型可能出现停滞甚至倒退。

① Allen, Calvin H., "Oman: the modernization of the sultanate", Westview Press, 1987, pp. 123 – 124.

2020 年 1 月 10 日晚，卡布斯苏丹去世，① 1 月 11 日卡布斯堂弟海塞姆·本·塔里格·赛义德（هيثم بن طارق سعيد）继任阿曼苏丹。② 海塞姆苏丹在就任后的首次讲话中强调，将遵循前任卡布斯苏丹的道路，继续建设现代的阿曼苏丹国，将继续在和平共处的原则上与所有国家保持友好关系，在地区事务中发挥调解作用。③ 阿曼最高权力顺利交接，没有出现西方学者担忧的政治动荡。在国家转型发展问题上，海塞姆苏丹表示将继续遵循卡布斯苏丹的道路，也没有出现国家转型的中断和停滞。事实说明，卡布斯苏丹制定的国家转型战略具有强大的生命力和抗风险能力，阿曼由传统国家向现代国家转型的道路对处于发展停滞期的阿拉伯国家具有重要理论意义和实践意义，这也是本书的研究缘起和核心问题。

一、选题意义

世界现代化进程已经经历 100 多年的历史，而多数阿拉伯国家在二战结束后才开始参与到现代化进程中，赶上第三次世界现代化浪潮。阿拉伯国家都面临着国家转型的重大问题，纵观整个阿拉伯世界，各国选择的转型路径各不相同。在 20 世纪五六十年代，阿拉伯国家在从传统国家向现代

---

① "وفاة السلطان قابوس بن سعيد وتشييع جثمانه اليوم" *Aljazeera*, Jan. 11, 2020, https://www.aljazeera.net/news/politics/2020/1/11/%D8%B9%D9%85%D8%A7%D9%86-%D8%A7%D9%84%D8%B3%D9%84%D8%B7%D8%A7%D9%86-%D9%82%D8%A7%D8%A8%D9%88%D8%B3-%D9%85%D8%B3%D9%82%D8%B7.（上网时间：2020 年 1 月 13 日）

② "من هو هيثم بن طارق آل سعيد سلطان عُمان الجديد؟" *Aljazeera*, Jan. 11, 2020, https://www.aljazeera.net/news/politics/2020/1/11/%D8%B9%D9%85%D8%A7%D9%86-%D9%87%D9%8A%D8%AB%D9%85-%D8%A8%D9%86-%D8%B7%D8%A7%D8%B1%D9%82-%D8%A2%D9%84-%D8%B3%D8%B9%D9%8A%D8%AF-%D9%82%D8%A7%D8%A8%D9%88%D8%B3-%D8%A8%D9%86-%D8%B3%D8%B9%D9%8A%D8%AF.（上网时间：2020 年 1 月 13 日）

③ "السلطان هيثم بن طارق يلقي أول خطاب له و يعلن ملامح سياسته الخارجية" Watan, Jan. 11, 2020, https://www.watan.com/2020/01/11/%d8%a7%d9%84%d8%b3%d9%84%d8%b7%d8%a7%d9%86-%d9%87%d9%8a%d8%ab%d9%85-%d8%a8%d9%86-%d8%b7%d8%a7%d8%b1%d9%82-%d9%8a%d9%84%d9%82%d9%8a-%d8%a3%d9%88%d9%84-%d8%ae%d8%b7%d8%a7%d8%a8-%d9%84%d9%87-%d9%88/.（上网时间：2020 年 1 月 13 日）

国家转型的路径上主要采取西方模式和苏联模式，但历史证明这两种模式都没有完成自身使命，部分国家陷入国家转型停滞甚至倒退的陷阱。

阿曼从传统国家向现代国家转型具备特殊性：一是阿曼自 1970 年开始进入国家转型阶段，没有出现重大转折或中断的现象；二是阿曼具有深厚的阿拉伯—伊斯兰历史积淀和文化传统，与西方基督教文明代表的现代国家有显著的“异质性”；三是阿曼长期保持政治稳定，国家行为体是国家转型研究的主要对象，国家政治稳定才能保证转型政策的连续性和有效性，才能检验国家转型战略的有效性；四是阿曼国家转型已经取得重大进展，与转型前期相比发生根本性变化，民众对国家发展抱有信心。

研究阿曼国家转型的理论意义主要包括：一是进一步丰富阿拉伯国家转型研究。国家转型对于阿拉伯国家是一个新的历史命题，自二战以来广大阿拉伯国家获得民族独立，在推动国家发展问题上都面临由传统国家向现代国家转型的问题，特别是在经历了中东剧变后，国家转型仍是阿拉伯国家面临的重大问题。二是通过对阿曼国家转型的案例研究，分析总结阿拉伯国家从传统向现代转型的模式特点，在理论上对阿拉伯国家转型进行再阐释。三是为阿拉伯国家国别研究提供一种研究范式。从历史文化背景出发，突出阿拉伯国家自身的发展特点，以国家转型为核心，体现国别研究的综合性，使用阿拉伯语原文文献，从阿拉伯学者的视角审视阿拉伯国家转型进程，把握文化传统在转型进程中的作用，从人文角度理解阿拉伯人现代性的构成，分析传统与现代思想在转型进程中的对抗与融合，对阿拉伯国家转型发展趋势做出判断。

研究阿曼国家转型的实践意义主要包括：一是有助于在阿拉伯国家推进“一带一路”倡议。阿曼的地理位置决定了其在推进“一带一路”倡议中的重要地位。阿曼扼守波斯湾，连接印度洋与非洲航路，是“丝绸之路经济带”和“21 世纪海上丝绸之路”交汇的咽喉要地，具有极其重要的地缘战略意义。在殖民时期，英国为了保障通往印度洋航路的畅通，对阿曼实行“保护”。在现代时期，印度、巴基斯坦等南亚国家积极与阿曼发展友好关系，争取向西打开通往中东及非洲的通道。研究阿曼国家转型进程，有助于寻找“一带一路”在中东地区的支点国家和合作伙伴。二是为中阿（曼）开展能源合作，保障能源安全提供重要参考。阿曼是中国重要的石油出口国，1993 年开始向中国出口石油，1997 年成为对中国的第二大石油出口国。石油产业是阿曼从传统国家向现代国家转型的“发动机”，对于阿曼经济现代化和工业化发挥了重要作用。研究阿曼以石化产业带动经济现代化的路径，对阿拉伯产油国推动经济发展具有借鉴意义，同时对加强中阿能源合作具有现实意义。三是为中国加强与海湾合作委员会合作，推动中国海湾自贸区建设提供先导。阿曼是海合会成员国，在对外政策上坚持中立立场，受外部干预较少，研究阿曼经济转型路径和区域发展战略，将为加强中国同海合会合作，推动自贸区建设提供成功案例。2016 年 5 月，中国—阿曼（杜库姆）产业园揭牌成立。2017 年 4 月，杜库姆产业园基础设施开工建设。[①] 杜库姆产业园建成后，将成为现代化的综合经济体，也是中东地区较大的经济特区。

本书从外国语言文学学科出发，以人文学科研究范式为主，采用了阿拉伯语一手文献资料，充分发挥了外语工具性的优势，在研究方法上借鉴历史学、政治学、经济学等多学科方法，探索外语学科国别研究的范式。国家转型研究需要把握传统与现代之间的辩证关系，在研究设计上采取了人文向度下的整体观，将传统文化和价值观与现代性之间的联系贯穿到国家转型各领域的分析中去，突出“一元多线史观”中的“一元”对国家转型的带动作用，也关注到“多线”对转型进程的影响。在具体研究技术上，融合了话语分析、历史分析和政策分析的研究路径，探索以历史观为统领、运用外语工具的国别研究路径，尝试外语学科与世界历史的“文史融合”。

阿曼是阿拉伯半岛上的古国，与其他海湾阿拉伯国家相比有着悠久的历史，但对于阿曼的国别研究相对较少，且分散在政治、文化、宗教等领

① 《中国—阿曼（杜库姆）产业园》，中国国际贸易促进委员会境外产业园区信息服务平台，https：//oip. ccpit. org/ent/parks - introduces/45。（上网时间：2019 年 10 月 27 日）

域，目前尚缺少整体性的国别研究。同时，阿曼所处战略位置十分重要，扼守着波斯湾咽喉与伊朗隔海相望，缺少对阿曼地区战略及海洋战略的研究。此外，阿曼独特的转型道路，以及阿曼在海湾地区的特殊作用，无法用海湾阿拉伯国家的类型学研究替代。本书对阿曼国家转型模式的研究从各领域最突出的问题入手，从历史传统寻找国家转型的特征，不求面面俱到但力求重点突出、特色鲜明，以阿曼转型道路的“个案”窥探阿拉伯国家转型的一般模式，为非西方国家转型发展提供特殊案例。

二、核心概念界定

（一）国家转型

国家转型涉及转型前后的两种状态，也就是传统和现代的区分。这样的区分首先是在时间维度上，以国家采取一系列转型改革政策为标志的时间划分。同时，国家转型的各个领域也构成现代国家的内涵，传统和现代在转型期内是长期共存、相互转化的。也就是说，国家转型是具备时间维度和实践维度的一系列旨在推动国家发展融入世界体系，并涵盖政治、经济、社会等领域的全面改革。

国家转型应用到阿曼个案时，也就是指卡布斯苏丹执政以来采取一系列政策，实现国家迅速发展的历史进程。但需要指出的是，阿曼国家转型的目标并不是西方化，卡布斯苏丹提出，阿曼复兴的发展目标根植于阿曼深厚的历史传统当中，将重塑阿曼在西亚地区特别是印度洋及非洲东部海上贸易的大国地位。阿曼的国家转型有具体的历史价值追求，与西方建立在资本主义工业文明基础上的普世价值具有本质上的区别，虽然阿曼在转型中采取了一些西方现代化的做法，但这种国家转型具备“异质性”的根本特征。“异质性”一方面体现在历史文化传统的不同，另一方面体现在转型措施和发展阶段的不同。

（二）现代

历史学家孟森指出，“必有一形成之现代，而后从而化之”。现代是研究者和讲述者所处的时代背景，与之相对应的概念是传统。现代与传统的划分是有选择性和阶段性的，今天所处的现代也将成为后人研究的传统。因此在国家转型研究中，时间尺度的划分是研究的基础。从罗荣渠教授对现代化认识的角度理解，现代的时间尺度从宏观上把握，是以生产力迅速提升带动社会结构和组织方式深刻变革为标准的。从微观上来看，现代的时间尺度是以工业化为特征的经济快速增长和社会结构功能快速分化为标志。将这一标准应用到阿曼国家转型进程中，现代概念的时间尺度指的是1970 年卡布斯苏丹上台执政后的历史阶段。

（三）一元多线史观

罗荣渠教授提出的一元多线史观总结借鉴了20 世纪五六十年代西方经典现代化理论，立足于发展中国家现代化运动实践，吸收了依附论、世界体系论等现代化研究新成果。一元多线史观坚持历史唯物主义关于“历史过程中的决定性因素归根到底是现实生活的生产和再生产”的基本原理，同时强调多种历史因素的相互作用推动历史向前发展，反对各种形式的认为所有社会必须走一条路的单线发展史观。①

一元多线史观是考察发展中国家国家转型的重要理论工具，立足于发展中国家实际，批判了西方现代化理论中的民主政体、公民社会等“目标论”的内容，将现代化作为世界历史发展进程的一部分，通过对发展中国家国家转型的考察，提出不同于西方现代化理论的分析框架。

一元多线史观与西方经典现代化理论的区别在于将现代化看作一个有特定内涵的历史进程，实现现代化道路多样化并且不具备终极价值；发展中国家的国家转型不是简单地接受从西欧和北美传播过来的制度和价值观

---

① 董正华编：《世界现代化进程十五讲》，北京大学出版社 2009 年版，第 5 页。

念，而是基于自身历史传统双向互动的过程；强调国家转型的动力是多种因素形成的“历史的合力”，不能陷入唯技术论和唯生产力论。

（四）人文向度下的整体观

人文向度下的整体观是一种以实体研究对象为核心的知识整合方式，通过对各学科领域内有关同一研究对象的知识整合，重在发现、填补各学科间的知识空隙，以加深对实体研究对象的全面了解，[①] 形成以研究对象为整体的体系化知识。人文向度下的整体观是应用于国别和区域研究的方法论体系，其哲学本体论的出发点是将人认为是工具理性和价值理性的统一，肯定人作为物质世界和客观真理的同一手段；其认识论的出发点是通过经验主义阐释学方法关注人的价值理性，将人从高度抽象化、符号化的概念体系中还原到特定的历史社会条件中；其方法论的出发点是综合运用各学科的研究工具，既要填补研究对象的绝对知识空白，也要挖掘各学科边界中的“灰色地带”，形成对研究对象整体的历史的系统认识。

人文向度下的整体观是阿曼国家转型研究的认识论基础，阿曼国家转型研究是全面的国别研究，也是将 50 年的国家转型历程置于 2000 年历史发展的大背景中再阐释，从阿曼传统与现代的关系去阐释阿曼国家转型的内涵。阿曼国家转型仅有 50 年的时间，发生了翻天覆地的历史性剧变，从人文向度研究阿曼现代化的核心问题就是国家转型的特征。阿曼国家转型要从个人、国家和体系三个层面去分析，对国家转型的评价则要将 50 年的现代化进程放置到阿曼悠久的历史传统中去考察，立足外语学科和历史学科的人文属性，在具体的国别研究中推动外国语言与外国历史的“文史融通”。

---

① 罗林、邵玉琢：《国别和区域研究须打破学科壁垒的束缚——论人文向度下的整体观》，《国别和区域研究》2019 年第 1 期，第 148 页。

三、国内研究综述

国内目前尚无关于阿曼国家转型的专著，涉及阿曼国别研究的专著和论文主要有以下几种类型：

第一，总括式的资料性介绍，这一类专著较为系统地梳理了有关阿曼的各类资料性信息，缺少系统深入的研究。《列国志：阿曼》① 概要性地介绍了阿曼的历史、政治、经济、文化、对外关系等方面，将阿曼独立以来的发展特点总结为参与型政治、多元化经济格局、全方位外交结构和剧变式教育战略，突出各领域发展特色，为观察研究阿曼提供多维视角。“一带一路”国别概览《阿曼》② 简要介绍了阿曼苏丹国自然地理、政治军事、经济文化等方面情况，以及中阿友好往来和经贸合作的历史，分析了中阿经贸投资注意的问题和“一带一路”框架下的中阿经济合作前景。《当代阿曼苏丹国社会与文化》③ 概述了阿曼苏丹国的历史，详细介绍了阿曼的政治体制和机构设置、社会文化和宗教信仰、国民经济各产业发展情况。

第二，将阿曼纳入海湾国家的类型学研究，包括阿曼现代历史和阿曼国家转型进程的研究。这一类研究将海湾阿拉伯国家作为一个整体看待，更多关注在从传统国家向现代国家转型进程中政治、经济的共性特征，包括带有明显伊斯兰特征的政治体制、石油依赖型的经济增长模式、高福利的社会政策等。《世界现代化历程（中东卷）》④ 中把海湾六国作为一个研究整体，将海湾国家现代化模式总结为渐进的伊斯兰政治、依靠石油产业的经济现代化、政治主导下的区域经济一体化和高福利特征的二元社会发展。该书认为中东国家走上现代化道路是面对世界现代化浪潮无法避免的

① 仝菲、韩志斌、陈小迁：《列国志：阿曼》，社会科学文献出版社 2017 年版。

② 韩志斌、仝菲、陈小迁编著：《阿曼》，大连海事大学出版社 2018 年版。

③ 黄培昭、苏丽雅：《当代阿曼苏丹国社会与文化》，上海外教育出版社 2003 年版。

④ 王铁铮主编，王泰、王铁铮、冯璐璐、刘云、李志芬、相艳、黄民兴、蒋真、韩志斌：《世界现代化历程（中东卷）》，江苏人民出版社 2015 年版。

必然选择，显示出外源性和后发性的特点；中东国家因其宗教地域特性在现代化道路上独具特色，现仍处于现代化初级阶段，政治经济结构仍在缓慢调整，尚未完成从传统社会向现代社会的转型。《中东国家通史（海湾五国卷）》① 中"当代阿曼的历史演进"一章介绍了卡布斯苏丹执政初期的政治体制、阿曼民主化实践、多元经济体系、对外交往和文教卫生事业的剧变，并从卡布斯苏丹执政以来简要回顾了现代化进程的历史。《阿拉伯国家简史》② 中介绍了英国撤离海湾后海湾五国（巴林、科威特、卡塔尔、阿联酋和阿曼）的经济社会发展，经济上主要采取石油出口和石油加工带动整个国民经济发展的战略，依靠石油经济带来的雄厚资本推动社会发展建设高福利社会的通行模式。

类型学研究更多关注所选国家样本的共性特征，对阿曼特殊性关注不够。阿曼有2000多年的历史，是海湾阿拉伯国家当中的文明古国，中世纪马斯喀特苏丹国和阿曼教长国的历史构成海湾阿拉伯史的主要内容。阿曼中世纪在印度洋地区（包括印度、巴基斯坦、桑给巴尔、坦桑尼亚等地）的活动是阿拉伯海疆史的重要内容。巴林、阿联酋、卡塔尔三国的建立与英国对阿曼赛义德王朝的控制和分割密切相关，三国的独立是英国"分而治之"政策的产物，与阿曼近代衰落有直接关系。同时，在国家转型进程中，阿曼与其他海湾国家的起步条件和政策路径也有差别，其国家转型是受到历史传统和文化价值影响较深的现代化，面临着更大的困难和阻力。无论是历史书写还是国家转型研究，都将阿曼与其他海湾阿拉伯国家并立作为类型学研究中的案例，因而忽视了阿曼的历史地位和特殊作用。

第三，对阿曼国家转型进程中政治、社会、宗教领域的个别问题的研究。在政治领域内，回顾了赛义德阿曼君主制的产生和赛义德统治家族的形成：《阿曼苏丹国政体初探》③ 一文从绝对君主制入手，梳理了阿曼苏丹

① 钟志成：《中东国家通史（海湾五国卷）》，商务印书馆2007年版。
② 彭树智主编：《阿拉伯国家简史》，福建人民出版社1991年版。
③ 唐宝才：《阿曼苏丹国政体初探》，《西亚非洲》1992年第4期，第30—35页。

制产生的历史，介绍了苏丹制的政治权力架构，从生产力与生产关系分析苏丹制存在的原因，以经济发展成就和高福利政策保障了苏丹制的政治合法性。《几度兴衰的阿曼赛义德王室》[①]从家族兴衰回顾了家族统治阿曼的248年，梳理了赛义德家族的兴起、鼎盛时期——赛义德大帝创立辉煌的赛义德王朝，衰微时期——英国对阿曼的殖民统治，复兴时期——卡布斯苏丹缔造现代阿曼。从中东剧变对阿曼政治改革影响的角度，评析了卡布斯苏丹政治社会改革的措施：《中东变局以来阿曼国家治理转型述评》一文[②]重点关注中东剧变后，阿曼民众对政府的诉求，希望改变现有政策但没有提出推翻政权的诉求；从政治、经济、社会三个方面全面梳理了卡布斯苏丹的政策改革，并对其政策效果做出评估，阿曼国家治理仍需要进一步释放活力，以应对民众对扩大政治参与、提高生活水平的诉求。《政治发展理论视阈下的阿曼政治变局探究》[③]从政治结构、政治制度、政治执行、政治参与、政治文化五个方面，梳理总结了自中东剧变后阿曼在三个阶段，[抗议示威活动初现（2011年1月中旬至2月下旬），抗议示威活动由首都马斯喀特扩散到其他省份（2011年2月下旬至3月上旬），政府采取紧急措施抗议示威活动逐渐消失（2011年3月上旬至5月下旬）]以及卡布斯苏丹在政治领域的系列改革措施，通过行政体系的制度化建设扩大政治参与的范围，积极回应民众的诉求，从家族政治的内部治理模式朝向民主化政治的工具理性转型；从发展政治学的角度考察卡布斯苏丹的政治改革，提出阿曼从专制到技术—平等型治理模式的转变；在政治文化上增加政治理性，确保社会稳定性，逐步淡化宗教色彩；最后总结了阿曼苏丹制潜在的政治危机，包括权力合法性及继承、阿曼民族整合及青年政治参

① 袁鲁林：《几度兴衰的阿曼赛义德王室》，《世界知识》1992年第7期，第28—35页。

② 陈小迁、韩志斌：《中东变局以来阿曼国家治理转型述评》，《西亚非洲》2017年第4期，第106—126页。

③ 韩志斌、陈小迁：《政治发展理论视阈下的阿曼政治变局探究》，《国际论坛》2017年第4期，第74—78页。

与问题。《阿曼"参与型政治"的发展》[①] 从卡布斯"亲民之旅"入手，分析"参与型政治"政策的立法保障、机构设置和变迁，在政策上采取行政体系阿曼化、完善公共服务体系，以及解放妇女力量参与国家建设。通过以上政策扩大民众对政治的参与，保障苏丹制政体的稳定。

在宗教领域内，伊斯兰教的伊巴迪教派对阿曼产生了深远的影响，韩志斌、高文洋分别介绍了伊巴迪教派的基本情况、历史形成以及对阿曼伊斯兰社会的影响。《阿曼伊巴迪教派初探》一文[②]描述了伊巴迪教派的产生历史及传播到阿曼的过程，梳理了伊巴迪教派对信仰和宗教经典的主张，重点指出选举伊玛目的宗教领袖政治制度，分析了伊巴迪教派对现代阿曼社会的影响。《阿曼伊巴迪教派》[③] 在全面回顾了伊巴迪教派历史与传播的基础上，着重介绍了伊巴迪教派三次建立伊巴迪国家的实践，将伊巴迪宗教理论与建国实践结合起来，说明伊巴迪教派的政治治理原则为阿曼部落社会奠定了基调，指出伊巴迪教派建立的伊玛目国家与苏丹统治策略之间的矛盾，分析了卡布斯苏丹利用伊巴迪教派思想扩大政治参与巩固国家统治，以消弭二者之间的张力。

在社会领域内，对阿曼社会伊斯兰属性以及转型特征进行分析。韩志斌、李庆丰从多个角度分析阿曼伊斯兰社会的特征，樊明芳、吴晓涵从阿曼婚姻对等原则切入，考察婚俗社会基础和发展前景。《多维视域中的阿曼伊斯兰社会》[④] 从宗教、经济、外交、科教文卫四个方面总结阿曼现代社会特点，指出伊巴迪教派构成阿曼社会的意识形态基础，同时也是家族政治的合法性来源。经济上采取开放性、多元化的经济体系，推动建设市场经济释放个人资本在社会建设中的活力；外交上采取务实自主的全方位

① 韩志斌：《阿曼"参与型政治"的发展》，《西亚非洲》2008 年第 8 期，第 48—53 页。

② 韩志斌：《阿曼伊巴迪教派初探》，《西亚非洲》2011 年第 4 期，第 38—43 页。

③ 韩志斌、高文洋：《阿曼伊巴迪教派：历史生成与践行影响》，《世界宗教文化》2018 年第 6 期，第 33—39 页。

④ 韩志斌、李庆丰：《多维视域中的阿曼伊斯兰社会》，《宁夏社会科学》2010 年第 4 期，第 78—83 页。

外交战略，充分利用石油资源发挥地缘战略优势，与西方大国和地区大国保持良好关系，积极参与国际组织发挥自身作用；在推动国家转型过程中，阿曼对教育的投入和妇女解放激发了社会活力，构建了新型的社会阶层流通渠道。《阿曼婚姻对等原则的社会基础、实践及前景》[①] 将婚姻对等原则作为研究对象，回顾了该原则的历史演变，分析了构成婚姻对等原则的部落因素、宗教因素和人口因素，考察了婚姻对等原则在现代阿曼社会的变化和挑战，从婚姻对等的角度分析阿曼国家转型进程中的社会变化；阿曼政治和经济向民主化和工业化发展，而社会领域的变革却止步不前，政治经济的发展与社会发展不同步，尚未建立起统一的国民身份认同，价值观仍然受到宗教传统影响的束缚。

在阿曼政治、社会、宗教等领域的研究成果中，从阿曼在国家转型过程中各领域突出的现象入手，通过回顾赛义德统治家族和伊巴迪教派的历史，从历史传统中分析现代化进程中单一领域内变化的动因。这类研究关注到单一因素在转型进程中的作用，比如王权政治和伊巴迪教派的神权政治对阿曼政治现代化的影响，伊巴迪教派中协商选举、宗教宽容思想对阿曼社会的影响，但缺乏整体性和历时性的分析，国家转型是涉及阿曼国家社会全方面的大变革，卡布斯苏丹将其称为“伟大复兴”，各领域转型遇到的问题及措施都有内在联系，需要进一步从历史背景中深入发掘其中的内在逻辑。比如，卡布斯苏丹如何利用伊巴迪教派传统巩固苏丹政体同时避免神权政治对苏丹世袭制的影响，卡布斯苏丹提出的尊重不同信仰宗教宽容思想来源于伊巴迪教派，但强调整体性的伊斯兰信仰没有突出伊巴迪教派的重要性。这些问题需要从更大的历史跨度内寻找答案，国家由传统向现代转型进程中各领域的问题是短时间集中出现的，而问题的成因和解决问题的措施却需要从整体上把握，单独聚焦某一领域很难得到更深层的结论。

---

① 樊明方、吴晓涵：《阿曼婚姻对等原则的社会基础、实践及前景》，《阿拉伯世界研究》2019 年第 1 期，第 43—55 页。

国内对于阿曼国家转型研究的成果主要从某一领域内特殊现象入手进行分析，采取历史分析的方法，得出的结论体现了阿曼伊巴迪教派信仰和王权政治的特殊性。对于阿曼历史及现代化的类型学研究中，对阿曼中世纪历史的重视不够，海湾地区国家相似的国家转型道路，不仅与英国撤离波斯湾后奠定的地缘政治格局相关，而且与阿曼封建王朝衰落失去对波斯湾控制权密切相关。海湾国家现代化类型学研究应该考虑到阿曼赛义德王朝对波斯湾控制以及阿曼传统文化对其他海湾国家的影响。

除了阿曼之外，国内还有一部分阿拉伯国家及中东地区国家由传统向现代转型研究的成果，这类成果主要可以分为以下几类：

第一，关于阿拉伯国家政治现代化的研究，阿拉伯国家政治现代化进程出现两种趋势——世俗政治与宗教政治，对应产生了民主政体、神权政体和君主政体。阿拉伯国家政治转型进程中，世俗力量与宗教力量之间的较量构成了政治发展的主线，由此衍生出关于政治体制、政治稳定的国别案例研究和类型学研究。《埃及现代化与政治稳定》① 聚焦埃及现代化过程中政治稳定问题，从军人政权到政党发展分析了政治体制变革对政治稳定的影响，以及经济发展失业贫困问题等社会发展问题对政治稳定的影响，得出结论：政治制度是保持政治稳定的基本因素，宗教因素是造成政治失稳的政治动员和组织因素，经济与社会问题是影响政治稳定的基础因素。《沙特阿拉伯政治现代化进程研究》② 回顾了 18 世纪到 21 世纪初沙特的政治现代化历程，以石油发现为分界点，分析了前后两个历史时期沙特政治发展的特点，着重指出沙特政治现代化过程中宗教政治和家族政治的两大因素。

《二战后中东伊斯兰国家发展道路案例研究》③ 选取伊朗、土耳其、埃及等中东国家，以及海合会作为案例研究对象，从各国现代化发展起点条

① 毕健康：《埃及现代化与政治稳定》，社会科学文献出版社 2005 年版。
② 吴彦：《沙特阿拉伯政治现代化进程研究》，浙江大学出版社 2011 年版。
③ 陈万里等：《二战后中东伊斯兰国家发展道路案例研究》，宁夏人民出版社 2015 年版。

件开始分析其政治经济社会发展的特点和各国选择的不同道路，对各自发展道路的困难和前景做出评析。《中东政治现代化——理论与历史经验的探索》梳理了自1789年拿破仑攻占埃及到1999年，中东地区先后出现的复兴和改革思潮，以及民族主义、阿拉伯社会主义、伊斯兰主义、现代犹太复国主义等政治现代化理论，并以土耳其、埃及、伊朗、沙特、阿尔及利亚、叙利亚、伊拉克、以色列等国为案例对各种政治转型道路进行了比较分析。《中东现代化进程中的世俗政治与宗教政治：以埃及、伊朗和土耳其为例》从伊斯兰世界的政治传统出发，以埃及、伊朗和土耳其为案例，分析了宗教政治与世俗政治在国家转型进程中的消长，阐述了政治转型的历史过程和发展方向。《亚非发展中国家和地区现代化研究》[①] 将第三世界国家转型道路总结为矿产资源驱动型、出口导向驱动型、农业资源驱动型、科技驱动型等几种发展道路，阿拉伯国家中以沙特为案例阐述了石油资源驱动下的经济现代化模式。

这一类政治转型研究成果更多关注政治转型进程中出现的问题，特别是道路选择对国家政治转型的重要影响。由于中东国家发展基础各不相同，政治转型的路径也不相通，研究方法上采取对比研究和历史分析的方式，从中东地区特殊的社会环境出发，分析伊斯兰教信仰的宗教因素对政治现代化的不同影响。阿曼政治转型最主要的矛盾并不是世俗力量与宗教力量之间的对抗，而是部落政治和神权政治的历史传统与政治现代化之间的矛盾。

第二，关注伊斯兰教对国家由传统向现代转型的影响，从政治、经济、文化等领域逐一分析伊斯兰教对现代转型的影响。《伊斯兰教与中东现代化进程》[②] 分析了伊斯兰教在中东地区民主化运动中的作用、伊斯兰教对石油经济发展的适应和伊斯兰教对现代化发展的探索。

这一类研究分析了宗教与现代化的关系，是“韦伯命题”在伊斯兰教

① 艾周昌：《亚非发展中国家和地区现代化研究》，上海辞书出版社2009年版。
② 彭树智主编：《伊斯兰教与中东现代化进程》，西北大学出版社1997年版。

背景下的延续，由于伊斯兰教的教派思想、政治思潮各不相同，探讨伊斯兰教与现代化的关系无法脱离阿拉伯国家的国别案例，得出的结论也更有说服力。

第三，关注中东国家（包括阿拉伯国家）的转型进程，以具体阿拉伯国家为研究对象，从多个领域归纳阿拉伯国家转型路径和措施。《中东国家的现代化历程》[①] 从中东封建社会的历史传统出发，论述了土耳其、埃及、伊朗、沙特阿拉伯等国的国家转型历程，总结了中东国家的国家转型动因、工业化发展的趋势以及政治改革和民主化进程之间的关系。《阿拉伯联合酋长国现代化进程研究》[②] 将阿联酋作为研究对象，从政治、经济、社会等几个领域全面分析了阿联酋及各酋长国的转型路径，提出阿拉伯国家君主制现代国家转型类型。这种涉及多领域的现代化国别研究方式体现了国家转型内涵的丰富性，分析了外源性现代化在阿拉伯国家中的特殊性，这种研究方式值得借鉴。

从总体来看，国内尚无对阿曼国家转型的专题研究，虽然对阿曼在政治、宗教、社会方面的特殊性有所关注，但仅限于政治和宗教的领域内，对于各领域转型出现的问题和相互影响缺乏深入的分析；将阿曼作为海湾国家一员，从类型学上分析国家转型进程的特征，忽略了阿曼特殊的历史地位和文化影响。由传统向现代的国家转型是全方位的，首先应该涵盖政治、经济、社会等领域；其次是站在历史大背景下对国家转型进程的考察，坚持国家转型的“过程论”，即包含传统因素和现代因素互动的历史阶段，而非追求西方终极价值的“目的论”。在阿曼国家转型研究过程中，应该将阿曼深厚的历史文化作为重要参照系，它是阿曼复兴的重要思想来源和转型发展的基础，也是区别西方现代化研究模式与“一元多线史观”研究视角的重要参考。

---

① 哈全安：《中东国家的现代化历程》，人民出版社 2006 年版。

② 仝菲：《阿拉伯联合酋长国现代化进程研究》，社会科学文献出版社 2013 年版。

四、国外研究综述

国外学者对阿曼国家转型关注较多，研究成果主要分为两类：一类是关于阿曼国家转型进程的研究；另一类是关于阿曼及周边历史的研究。

阿曼从传统向现代的国家转型具有特殊性，引起西方学者和阿拉伯学者的共同关注，但两者研究阿曼的视角不同。西方学者将阿曼作为现代化发展“中心—外围”中的外围案例研究，重点关注西方现代化对阿拉伯国家的影响；而阿拉伯学者将阿曼作为阿拉伯国家现代转型成功案例，归纳总结适用于阿拉伯国家转型发展的道路和模式。《阿曼苏丹国的现代化》[①]从阿曼古代史开始回顾了阿曼帝国时期、伊玛目国家与苏丹国并立时期的历史，总结分析了阿曼进入现代前期的情况，考察了 1970 年以来阿曼苏丹国政治、经济、社会、对外关系等领域的转型特点。《持续与变革：阿曼现代化的经验》[②] 从阿曼自身传统出发，提出阿曼国家转型的传统理论来源，强调卡布斯苏丹在推动阿曼转型中的特殊作用，分析阿曼在现代国家建构中面临的主要难题，得出阿曼基于自身传统吸收外来经验的转型实践对阿拉伯国家具有现实借鉴意义的结论。《阿曼苏丹国 40 年的可持续发展（1970—2010）》[③] 从人口素质、经济结构、信息技术、新型产业等方面，分析了阿曼转型发展中“阿曼化”政策的特点和效果，“阿曼化”政策推动转型发展过程中体现在经济、教育、文化、社会等多个治理领域，经过 40 年的实践，“阿曼化”成为最具特色的国家转型模式，既能抓住全球化发展浪潮的机遇，也能应对外部的挑战。《阿曼的重生：传统与现代的平衡》[④] 回顾了 1970 年前赛义德王朝时期的历史，分析了卡布斯苏丹上台后

① Allen, Calvin H. , “Oman: the modernization of the sultanate”, Westview Press, 1987.

② الدكتور مسعود ضاهر،"الاستمرارية والتغيير في تجربة التحديث العمانية"،دار الفارابي: بيروت – لبنان،الطبعة الأولى،عام 2008.

③ الدكتور مسعود ضاهر،"سلطنة عمان: أربعون عاما من التنمية المستدامة 1970- 2010"،دار الفارابي : بيروت – لبنان،عام 2010.

④ Funsch, Linda Pappas, “Oman Reborn: Balancing tradition and modernization”, Springer, 2015.

的治理形式和政治发展，从创建公民社会、建构现代经济、推动对外关系三个方面总结了阿曼国家转型过程中传统与现代因素的平衡，在21世纪，阿曼仍需应对好在青年一代和现代社会中、伊斯兰教角色中，传统与现代的关系。

这一类研究成果由于研究者的出发点不同，理论导向和价值取向也有差别。西方学者更多关注阿曼国家转型进程中的西方因素，寻找政治民主化、经济自由化、社会多元化的阿曼例证。而阿拉伯学者从阿曼的文化传统和宗教思想出发，阐发阿曼国家转型经验的特殊性，强调与西方现代化的“异质性”。但两者在研究方法上都采用历史比较法，阿曼的悠久历史构成文化传统和现代基础的核心，从历史传统出发去对比50年转型发展进程取得的巨大成就。

除了对阿曼国家转型的整体性研究，阿曼政治转型也是国外研究关注的焦点之一。这类研究将阿曼政治转型过程中建立的政治制度作为分析对象，从民主政治、政治参与、政治稳定等角度分析西方的政治模式在阿曼的特殊形式。《民主与中东青年——伊斯兰教、部落主义和食利型国家阿曼》① 将阿拉伯世界民主化作为研究对象，选取阿曼作为研究案例，从阿曼传统的部落政治出发，分析了卡布斯苏丹将传统“舒拉”与现代政治发展相结合的模式，将其总结为继承传统政治模式的“自上而下”政治民主化，探讨了基于伊巴迪教派传统的“舒拉”政治实践与现代政治进程结合的模式，提出年轻一代的政治诉求和对传统“舒拉”的挑战，这种“自下而上”的民主诉求将是阿曼政治民主化的重大挑战。《阿曼国家形成中的传统实践与新现实》② 分析了宗教内两大协商制度对阿曼民主发展的影响，苏丹作为家族政治的权力核心掌控着阿曼民主进程，其没有选择从西方

① Al – Farsi, Sulaiman, “Democracy and youth in the Middle East: Islam, tribalism and the Rentier State in Oman”, Bloomsbury Publishing, 2013.

② Rabi, and U., “Majlis al – Shura and Majlis al – Dawla: Weaving Old Practices and New Realities in the Process of State Formation in Oman.”, Middle Eastern Studies, Vol. 38, No. 4. 2002, pp. 41 – 50.

“进口”民主，而是充分利用宗教传统中的两大协商制度加以改造，满足了民众对扩大政治参与的诉求，也防止西方民主对家族政治权力体系的冲击。卡布斯苏丹有序地扩大政治参与，使民众相信政治决策是自上而下的，而非通过代议制民主向上传导压力，从而保障了苏丹家族政治的延续。《阿曼的民主发展》① 以阿曼为案例，指出民主化没有统一的模式，需要从当地传统与实践中摸索，阿曼 30 年的民主转型发展依靠根深蒂固的协商统治传统和伊巴迪教派独特的政治哲学。《从神权政治到君主制：阿曼的权威和合法性（1935—1957）》② 指出阿曼家族政治的出现是与神权政治竞争之后的结果，从神权政治到家族政治的治理模式，发生了重大转变，特别是石油经济模式出现后，苏丹通过向伊玛目和谢赫提供补贴的方式，在基层继续实行神权政治与部落政治结合的治理模式，通过高福利制度换取对苏丹制的支持和民主国家形式上的统一。从阿曼的苏丹制来看，神权政治与家族政治没有明显的界限，而是相互结合的结果，苏丹沿袭了伊斯兰教对内政的大多数政策，为改善经济状况提供稳定的社会空间。经济发展带来的高福利成为苏丹换取宗教力量和部落力量支持的来源。《国王与人民：阿曼国家协商委员会》③ 说明了苏丹在扩大政治参与上的做法，但国家咨询委员会自身的职能定位和产生方式决定了其很难成为下层民众表达诉求的有效渠道，并且阿曼特殊的社会人口结构使得比例代表制和公开协商制等有效扩大政治参与的手段难以在国家咨询委员会当中应用，卡布斯苏丹还应该在扩大政治参与上增大机构代表性和安全有效性。《阿曼的种族、语言和宗教多元化及其与政治稳定的联系》④ 从种族、语言、宗教

① Jones, Jeremy, and Nicholas Ridout, “Democratic Development in Oman”, Middle East Journal, Vol. 59, No. 3, 2005, pp. 376 – 392.

② Eickelman, Dale F., “From Theocracy to Monarchy: Authority And Legitimacy In Inner Oman, 1935 – 1957.”, International Journal of Middle East Studies, Vol. 17, No. 1, 1985, pp. 3 – 24.

③ Eickelman, Dale F., “Kings and people: Oman's state consultative council”, Middle East Journal, Vol. 38, No. 1, 1984, pp. 51 – 71.

④ Al – Ismaili, Ahmed, “Ethnic, Linguistic, and Religious Pluralism in Oman: The Link with Political Stability”, AlMuntaqa, Vol. 1, No. 3, 2018, pp. 58 – 73.

三个方面的多样性入手，研究多样性对阿曼政治稳定的影响，宗教的宽容理性、尚未形成的现代化社会和政治叙事的多元化对阿曼政治稳定起到正面积极的作用。《2016 年的阿曼市议会选举》① 考察了扩大政治参与的实际效果，市议会自身的非立法咨询作用、缺乏竞争的候选人使得民众的投票率下降，说明下层民众不仅关注扩大政治参与的形式也关注到实际效果，同时说明现有的政治参与机制还不能充分发挥个人和社会组织在基层治理的作用。

这类研究从西方政治民主化的角度分析阿曼的政治转型，将阿曼政治协商制度与西方代议制民主对比，将阿曼扩大政治参与与建立公民社会对比，指出阿曼政治现代化的不足和发展方向。这类基于西方政治发展理论的研究存在内生性缺陷，从西方视角观察阿曼的政治协商制度与代议制民主“形式相近”，阿曼在政治转型过程中建立的政治制度和采取的改革措施与西方政治民主化有本质上的区别，因此对于阿曼政治转型的评估和展望有失偏颇。

另一类关于阿曼及周边历史的研究，将赛义德王朝作为现代阿曼的开端，更多关注阿曼国家转型初期佐法尔战争的影响，以及阿曼与桑给巴尔之间的关系。《现代阿曼史》② 将艾布赛义德王朝作为阿曼前现代时期，将1932 年赛义德继位担任马斯喀特和阿曼苏丹作为现代阿曼历史的开端，记录了佐法尔战争、石油产业发展、对外交往和经济自由化等阿曼现代史中政治、经济和社会发展的重大事件，并提出 21 世纪的阿曼面临最大的挑战是在后卡布斯时代阿曼政治领导体系的发展方向。《一场在阿拉伯半岛的代理人战争：佐法尔叛乱和在南也门的跨境突袭》③ 使用解密的英国政府文件，还原了英国政府为马斯喀特苏丹提供军事支持打击佐法尔武装的历

① Kumar, Jatin, “Municipal Council Elections in Oman, 2016”, Contemporary Review of the Middle East, Vol. 4, No. 4, 2017, pp. 385 – 390.

② Jeremy Jones, “A history of modern Oman”, Cambridge University Press, 2015.

③ Geraint Hughes, “A Proxy War in Arabia: The Dhofar Insurgency and Cross – Border Raids into South Yemen”, Middle East Journal, Vol. 69, No. 1, 2015, pp. 91 – 104.

史，分析了英国借由马斯喀特苏丹发动代理人战争，将苏联支持的南也门作为跨境打击的目标以保障自身在阿拉伯半岛南部的利益。《没有苏丹的阿拉伯半岛》① 从阿拉伯半岛左翼运动现象出发，说明了埃及作为阿拉伯世界民族主义运动核心的弱化，同时英国、伊朗、约旦、沙特等国插手马斯喀特苏丹与佐法尔武装之间的战斗，说明左翼运动和外部势力对海湾地区苏丹制政体的冲击和影响。《哈达拉毛、阿曼、佐法尔：革命的经验》②以三个地区出现的武装革命案例说明，在阿拉伯半岛南部兴起的社会主义运动，推动去部落主义和去伊斯兰化是失败的，民族主义和社会主义都不能替代伊斯兰教在社会和政治领域当中的位置，部落主义仍然是决定阿曼社会结构的主要因素。《家族冲突和外国干预：桑给巴尔与阿曼分离原因的再评估》③ 分析了苏丹家族内部矛盾导致阿曼与桑给巴尔的分裂，重点指出英国在 1861 年将阿曼肢解为两个国家的策略，主要通过“印度”商人操控了阿曼经济，而在政治上给予桑给巴尔更多优先性，致使苏丹家族内部分裂，实现了英国分而治之且长期控制的目的。《阿曼问题：阿拉伯半岛东南端的地缘政治背景》④ 从地理因素分析了在阿曼东南地区形成对抗马斯喀特苏丹的政治力量成因，以及英国在殖民时期对阿曼现代国家边界建构的影响，不仅有着石油因素，还包括地缘战略方面的考虑。

这类关于阿曼历史的研究涉及阿曼国家转型进程的两个重要问题：一是佐法尔地区的左翼武装运动对阿曼国家统一的威胁；二是阿曼现代化进程中周边关系的问题。佐法尔地区以及桑给巴尔都是赛义德王朝扩张时期

---

① Fred Halliday, “Arabia without sultans revisited”, Middle East Report, No. 204, 1997, pp. 27 – 29.

② Kelly, J. B., “Hadramaut, Oman, Dhufar: the experience of revolution”, Middle Eastern Studies, Vol. 12, No. 2, 1976, pp. 213 – 230.

③ Bhacker, M. Reda, “Family strife and foreign intervention: causes in the separation of Zanzibar from Oman: a reappraisal”, Bulletin of The School of Oriental and African Studies, Vol. 54, No. 1, 1991, pp. 269 – 280.

④ Wilkinson, J. C., “The Oman Question: The Background to the Political Geography of South – East Arabia”, The Geographical Journal, Vol. 137, No. 3, 1971, pp. 361 – 371.

纳入阿曼版图的地区，在现代化启动初期，佐法尔战争威胁到阿曼的国家统一，周边安全环境和地区安全环境也是影响国家转型的重要因素。这类研究的历史背景确定在冷战时期，佐法尔战争也是两大阵营在阿拉伯半岛对抗的一部分。在阿曼国家转型进程中，波斯湾地缘政治格局发生过几次重大调整，阿曼对自身在波斯湾的战略定位和对外政策也经历了调整转向的阶段，因此应该将国家转型进程中周边和地区环境作为分析转型路径的重要方面。

此外，阿曼国家转型进程中出现的石油依赖型经济以及阿曼由传统社会向现代社会转型中发生的结构变化，也是国外学者关注的问题。《后石油时代：海湾国家好日子的终结》① 指出，当依赖石油经济的海湾国家遭遇油价下跌时，统治精英需要面对政治合法性的危机，解决的方法之一就是扩大权力分享，开放社会民众对经济、政治问题的意见表达渠道。阿曼在这方面采取了有效的政策，使得公众能够参与诉求表达，从而维护了君主政权的稳定。《阿曼人的平衡：阿曼面对不确定的未来》② 研究了卡布斯苏丹在内政和外交上的平衡战略，自 1970 年上台执政以来，在外交上与伊朗、以色列等阿拉伯国家敌人保持密切关系，也在印度洋周边寻找合作伙伴，避免陷入地缘安全危机；在内政上，通过维持生活水平、缓慢提升政治经济发展速度来应对国内的反对者。《南北阿曼的多样化社会》③ 从人类学的角度对南北阿曼进行了分类研究，指出在南北阿曼都存在着种族的多样性，更多表现为语言的多样性，而在南阿曼的佐法尔明显体现出山区—沿海二元结构的地方文化区别。

阿曼经济转型中出现的石油依赖型经济是海湾阿拉伯国家的共同问

① Zanoyan, "After the oil boom: The holiday ends in the gulf", Foreign Affairs, Vol. 74, No. 6, 1995, pp. 2 –7.

② O'reilly, Marc J, "Omanibalancing: Oman confronts an uncertain future", The Middle East Journal, 1998, pp. 70 –84.

③ Peterson, J. E., "Oman's Diverse Society: Southern Oman", Middle East Journal, Vol. 58, No. 2, 2004, pp. 254 –269.

题，而阿曼的石油资源相对其他海湾阿拉伯国家更为贫乏，寻求经济转型的迫切性更强，比其他海湾阿拉伯国家更早靠发展非石油产业拉动经济增长，经济领域的改革方向和具体措施将是阿曼经济领域现代化研究的重点。阿曼社会的二元化归结到沿海和山区的生产方式和生活方式的不同，经过不同历史时期长期存在，如何消除两者之间的张力，巩固阿曼转型建设的基础，将是社会转型领域的研究重点。

综上所述，国外对阿曼国家转型研究都将1970年卡布斯苏丹上台执政作为现代化的起点，阿曼国家转型进程中的特殊性根源在于历史文化传统，国外学者对阿曼国家转型的研究将时间跨度放置到中世纪王朝时期（至少是以赛义德王朝为起始），对国家转型的研究涉及政治、经济、社会、外交等多个领域。西方学者对阿曼国家转型的研究，从政治民主化、经济自由化的角度分析评估阿曼国家转型成果，阿拉伯学者从阿曼历史文化中挖掘阿拉伯国家转型的特殊道路。二者之间的共性在于注重从历史文化的角度来阐释阿曼国家转型的特征，分析其深层次的动因。

阿曼国家转型时间较短，国外研究普遍采用历史比较和定性分析的研究方法，没有建立起体系化的现代化指标来分析阿曼国家转型整体情况。在政治参与研究当中应用定量方法，也仅限于对小样本数据的统计和对比分析。对于阿曼社会结构的研究，使用了田野调查与文献分析相结合的方法，从整体上描述阿曼传统社会的二元结构以及向现代社会转型的过程。

国外对阿曼国家转型进程研究的价值判断也有明显的差别，阿拉伯学者的研究从伊斯兰信仰和阿拉伯文化阐释历史传统在阿曼国家转型进程中的作用，强调阿曼国家转型进程的“异质性”，对阿曼转型道路抱有很大信心。而西方学者对阿曼国家转型研究仍带有西方中心论的色彩，过于强调政治民主化在国家转型中的作用和地位，对阐释和评估中东政治的“宏理论”（Grand Theory）研究热情较高，① 认为阿曼的政治转型机制和措施

① 邵玉琢、罗林：《基于“社会科学引文索引”的中东研究动态可视化分析》，《西亚非洲》2018年第6期，第155页。

具备西式民主的一些特征，但仍不能满足阿曼民众特别是青年群体的政治诉求，成为阿曼政治不稳定的一个因素。西方学者对阿曼政治转型的研究模式没有跳出威权—民主政体的二元对立体系，实质上是将西方现代化发展模式作为具备终极价值的发展目标，否定非西方国家转型发展道路。将发展中国家作为案例支撑西方现代化研究“目的论”的研究路径本身存在认识缺陷，西方学界已经将现代化研究推动到后现代化、后工业化阶段，西方国家在后现代化阶段发展趋势也呈现出多样性。这说明西方国家在经过长期充分的现代化发展后，出现发展趋势的不确定性。在此情况下，将西方现代化模式作为具备终极价值的理论标尺去研究分析发展中国家转型进程，可以建立起系统的指标评估体系发挥对标作用，但这种被注入终极价值的“目的论”将对处在非西方文化体系中的发展中国家带来“文明的断裂”，与西方国家在后现代发展阶段的多样性趋势是背道而驰的。

第二节 阿曼国家转型研究的主要问题及思路方法

一、研究关键性问题

阿曼国家转型研究是立足人文学科的全面整体性研究，关键性问题就是阿曼在由传统国家向现代国家转型过程中如何处理传统与现代的关系，既保留了自身特征，又积极融入现代世界体系。国内学者对阿曼的研究关注到阿曼国家转型进程中各领域出现的特殊现象，西方学者从西方现代化道路的普世性出发研究阿曼国家转型，阿拉伯学者从宗教传统和文化价值阐释阿曼国家转型。无论哪种研究视角和路径，现代化各领域的研究都可以归结为一个核心问题——阿曼如何在转型中保持传统和现代的平衡？阿曼国家转型的构成决定了政治、经济、社会、文化等方面转型的发展阶段，换言之国家转型后的特征和面貌是在实践层面的历史过程。传统与现代的关系则是从人文向度下整体观出发研究国家转型进程的内核，构成各领域转型研究的基础。

二、研究思路

阿曼的国家转型是从“古代”和“中世纪”的状态跨越到一种全新的生活状态和观念意识当中，本质上是传统性与现代性不断冲突、适应与融合的结果。因此，国家转型研究必须从整个历史视角出发对现代所处的位置做反思性认识。卡布斯苏丹主导的阿曼国家转型进程仅有50年的时间，但阿曼国家转型研究需要在历史背景中分析，无论是时间尺度还是价值尺度，现代因素的内涵始终是以传统因素为基础定义的，因此国家转型的历史过程是传统因素不断向现代因素转化且两者互构的过程。

阿曼卡布斯苏丹提出阿曼复兴的概念，复兴的基础是2000多年的历史传统，复兴的道路是50年的国家转型实践，阿曼国家转型的理论阐释需要从历史上把握50年与2000年之间的关系。漫长的历史进程对国家转型影响是千头万绪的，必须有统领全局贯穿始终的历史观，本书从唯物史观出发把握传统与现代之间的关系。

根据罗荣渠教授对第三世界国家现代化模式的分类，阿曼国家转型类型属于典型的外源性，国家转型发展时间跨度较小，现代与传统之间的冲突是爆发性的，西方文化对阿曼传统的冲击是剧烈的，“容易引起历史传承性的断裂”。[①] 国家转型中现代性的来源是多元的，具备跨界性品质和生成性特征，不能从一个视角和学科思维来框定。因此，本书采用一元多线史观的理论框架，始终把握国家转型进程中的“一元”——生产力发展，从政治、经济、社会、对外关系四个领域分析阿曼转型的“多线”进程，注意区分内因和外因，经济因素和非经济因素，从各领域转型相互带动的

① 罗荣渠：《现代化新论——世界与中国的现代化进程（增订版）》，商务印书馆2004年版，第185页。

关系去分析阿曼作为现代国家的生成性特征。

三、研究方法

从文献综述可以看出，国内外学者对阿曼国家转型研究主要采用历史分析法，本书选定的研究思路也是从阿曼前现代阶段历史入手，对比分析国家转型进程50年的巨大变化。因此，本书以历史分析法、文献分析法作为主要研究方法，对阿曼国家转型不同领域使用政治学、经济学和社会学的研究方法，综合分析评估国家转型措施的成效。本书具体采用以下研究方法：

（一）历史分析法

研究阿曼国家转型进程从现代前期的历史背景出发，但不做系统性的编年史研究，而是选择具有代表性的阶段和要素展开分析，特别是赛义德王朝建立后阿曼的政治传统和文化传统，重点分析历史传统与现代发展之间的影响和互动，以及阿曼复兴历程形成怎样的国家转型模式。

（二）文献分析法

在文献选择上，综合运用阿拉伯语、英语和中文文献，将阿拉伯语一手文献作为搜集和研究的重点，包括卡布斯苏丹的讲话、阿曼信息部出版的阿曼年鉴、阿曼历史以及卡布斯传记重点分析，从源头上发掘一手文献的价值，还原历史细节，重点阐释卡布斯苏丹提出的阿曼复兴内涵，结合阿曼国家转型实践验证其理论效度。

（三）比较分析法

运用比较政治学中的政治制度比较研究方法，分析卡布斯苏丹建立的现代阿曼政治制度、经济制度，从历史和现实两个层面进行比较分析，找出阿曼国家转型措施的特征。

（四）政策分析法

从政治、经济、社会、对外关系等领域分析阿曼政府做出的重大决策和改革措施，从短期分析政策效度和改革效果，从长期分析对阿曼价值观念上的影响和现代性的生成。

第三节　阿曼国家转型研究的学术创新及总体框架

一、学术创新点

在充分吸收借鉴前人研究基础上，本书的学术创新主要包括以下几点：

第一，在研究对象方面，本书对阿曼国家转型进程进行整体性、体系化研究，与以往将阿曼纳入海湾国家整体研究相比，更加突出阿曼特殊的历史社会背景，以及卡布斯苏丹推动阿曼国家转型的政策措施，分析总结与其他海湾国家不同的特点，在此基础上分析评估阿曼国家转型模式可持续性。

第二，在文献选择方面，本书优先选择阿拉伯语原文文献，将卡布斯苏丹讲话、颁布的谕令、阿曼信息部公布的年鉴及阿曼历史作为重要一手文献来源，将阿拉伯学者对于阿曼国家转型的研究成果作为重要参考，同时将其与相关英文文献对比找出研究方式和研究结论的异同，在尽可能全面梳理中文文献的基础上，重点挖掘知识和信息的空白。

第三，在理论选择方面，本书选用一元多线史观作为理论工具和分析框架，这种理论建立在唯物史观之上，充分吸收了马克思主义发展理论，借鉴了西方经典现代化理论，并运用到第三世界国家由传统向现代转型研究的实践之上，理论适用性更强。

第四，在方法论运用方面，本书运用人文向度下的整体观方法论体系，突出以研究对象为核心的知识整合方式，在知识体系和理论建构上区别于以抽象概念为核心的宏理论体系（Grand Theory），体现国别和区域研究的特色和专长，进一步丰富了对阿拉伯国家的国别研究。

二、框架结构安排

阿曼国家转型是在卡布斯苏丹主导下逐步推进的，将各领域转型启动的顺序作为分析国家转型的逻辑线索，将政治、经济、社会各领域内转型改革的基础作为分析传统与现代互构关系的前提，梳理总结国家转型的路径和特点，归纳阿曼复兴的精神内涵和路径特征。

第一章回顾了阿曼国家转型的动因。客观上，严重的政治危机和社会危机使阿曼已经到了不得不改革的地步；卡布斯苏丹对西方现代思想的接受与阿曼历史传统的结合成为国家转型的思想来源；作为转型主体，阿曼的国家基础在启动阶段面临着分裂风险，因此阿曼国家转型出现了由政治到经济再到社会领域的启动顺序。

第二章分析了阿曼政治转型的背景、动因、措施及特点。部落政治、神权政治和王权政治构成阿曼传统的政治基础，三者之间的相互竞争也构成传统的政治危机。卡布斯苏丹通过新型现代政府建设，跳出传统政治危机的陷阱，建立了以王权宪政为核心的政治制度，将政治改革成果制度化、法制化，建立政治协商制度扩大政治参与，完成由传统政治向现代政治的转型。

第三章分析了阿曼经济转型的模式。阿曼的传统经济无法为国家转型提供动力，几乎不具备工业化的基础。在经济基础薄弱的情况下，阿曼经济转型采取混合式的经济制度。本章重点分析了国有经济体制在向市场经济体制转型的过程中，是如何摆脱石油依赖型经济增长模式，增强经济体系的抗风险和可持续发展能力的。

第四章分析了阿曼社会转型的路径。传统社会向现代社会转型过程分为精神和物质两个层面，在精神层面保留了传统文化和价值观的有利因素，并使之积极与现代社会发展相适应；在物质层面建立教育、医疗、社会保障等公共管理和社会服务的各项保障体系，促进阿曼人从传统的社会结构中解放出来，提升社会活力。

第五章分析了阿曼国家转型进程中外部环境的变化。从两伊战争到海湾战争，波斯湾的安全格局从冷战两极格局向美国主导的安全秩序转变，周边和地区的安全形势一直处于变化当中，阿曼从寻求地区集体安全的策略转向与美国建立密切的军事合作关系并保持外交自主性的战略，为自身创造更为有利的外部发展环境。

结论总结了阿曼由传统国家向现代国家转型的规律性特征，分析了阿曼国家转型的历史逻辑和时代内涵，并展望了阿曼未来的发展前景。

第一章　阿曼国家转型的动因

阿曼在启动国家转型的前期，由于泰穆尔苏丹实行的封闭政策，阿曼国内经历着严重的政治危机和社会危机，国家和社会停留在中世纪的发展水平，处于基本与外部世界隔离的状态。1970 年，以卡布斯苏丹上台执政并提出伟大复兴的目标为标志，阿曼开始了国家转型进程。从一元多线史观来看，传统国家转型的最根本动力是生产力的提升改变了生产关系和社会生产方式，在这个过程中经济因素的作用大于非经济因素作用。而在“外源性”刺激下启动的传统国家转型，特别是“延误了的现代化”，在其启动阶段往往出现非经济因素的作用大于经济因素的现象，其中最突出的一点就是国家，即中央政权在推动经济增长与社会变革中发挥重大作用。[①] 阿曼国家转型前期带有明显的外源性因素，在国家转型初期最重要的因素同样是非经济因素，因此分析国家转型启动阶段的动因，能够找出阿曼转型进程的线索，总结国家转型的模式。

① 罗荣渠：《现代化新论》，北京大学出版社 1993 年版，第 185 页。

第一节　转型内因：严重的政治危机与社会危机

在1970年卡布斯苏丹执政前，阿曼正处在严重的政治危机和社会危机之中，国家发展处于停滞状态。1980年10月18日，卡布斯苏丹在阿曼国庆十周年讲话中谈到1970年启动转型进程之初国家面临的困难局面。

> “在十年前，我们开始走上这条艰辛漫长的道路之时……我们没有医院为公民提供健康服务，没有学校让我们的孩子接受教育，让他们做好准备在世界上有立足之地。我们也没有社会服务机构，给那些身体残疾和贫困的人提供帮助。我们甚至没有管理国家建设国家的政府机构。国内很多有才华有天赋的人纷纷离开祖国寻求生计，使国家陷入更加穷困的局面。而且我们国家还面临着一场残酷的战争……但我们已经克服了这一切困难。”①

造成阿曼当时政治危机和社会危机的最主要原因是泰穆尔苏丹对阿曼的治理方式。泰穆尔苏丹对阿曼的治理采取部落政治的治理模式，在以谢赫为中心、以亲族为纽带的部落治理体系上是无法建立民族国家的。泰穆尔苏丹的部落治理模式导致治理能力和效率极端低下，社会发展陷入停滞状态，通过垄断权力禁锢思想来维系苏丹的统治，英国人也将其视为“一个具有伟人魅力的头号反动分子”。②

首先，泰穆尔苏丹垄断了国内所有权力，各级官员有名无实。泰穆尔苏丹牢牢把持着苏丹国的权力，苏丹国的高官、各部部长甚至管理机构的

---

① وزارة الإعلام،"كلمات وخطاب حضرة صاحب الجلالة السلطان قابوس بن سعيد المعظم،خطاب صاحب الجلالة بمناسبة العيد الوطني العاشر المجيد"،ص133.

② 钟志成：《中东国家通史 海湾五国卷》，商务印书馆2007年版，第175页。

普通职员都要苏丹亲自任命，所有政令只有在苏丹同意之后才能发布，甚至出境签证都要苏丹本人签发。① 泰穆尔苏丹事无巨细地垄断着苏丹国所有的权力，引起各级官员的强烈不满。泰穆尔苏丹任命他的弟弟塔立格·本·泰穆尔（طارق بن تيمور）为马斯喀特总督，而没有赋予他总督应有的权力。塔立格作为马斯喀特总督，只能处理一些无关紧要的琐事，他对兄长的做法极为不满，最终于 1960 年离开阿曼举家前往德国定居。

泰穆尔苏丹任命伊玛目阿赞·本·盖斯（عزان بن قيس）的侄子艾哈迈德·本·易卜拉欣（أحمد بن ابراهيم）管理阿曼内政，但实际上泰穆尔苏丹仍掌控一切权力。易卜拉欣名义上管理阿曼内政几十年，实际上仅仅扮演观察员的角色。虽然官方规定苏丹国各省省长都要接受易卜拉欣管理，但这些省长仅听命于苏丹本人。为了处理省内政务，各省省长时不时要到南部萨拉莱（صلالة）当面请示泰穆尔苏丹。

其次，泰穆尔苏丹严密监视各级官员，实行严格封闭政策。为了巩固自身王权，泰穆尔苏丹对各级官员和普通阿曼人实行了严密的监视政策。泰穆尔苏丹虽然任命了其叔父沙海卜·本·费萨尔（شهاب بن فيصل）负责掌控着腹地地区的武装力量，还管理警察、监狱和出入境事务，在泰穆尔苏丹不在马斯喀特时代表苏丹行使权力。但实际上泰穆尔苏丹从来没有给予沙海卜代行苏丹权力的授权。泰穆尔苏丹密切关注苏丹国的各级官员，防止官员有任何违背苏丹意愿的想法，还运用权力让各级官员对苏丹绝对服从。

泰穆尔苏丹担心自己的统治受到威胁，采取隔离封闭的政策，切断阿曼与外界的联系，防止西方思潮进入阿曼引发革命。泰穆尔苏丹的外国顾问建议他改革政府管理体制，创办现代企业和公共服务部门，加强对国内的管控，但苏丹以缺少财政资金为由没有采纳。

再次，苏丹垄断财富，导致经济发展停滞，人民生活水平低下。泰穆尔苏丹掌控的中央政府没有能力维护阿曼国内的安全稳定，也不能维持经

① سرجي بليخانوف،"مصلح على العرش قابوس بن سعيد سلطان عمان"،الطبعة الثانية،مسقط،2005م،ص149.

济部门的正常运转，缺少财政收入来源。阿曼地方的管理机构效率低下、腐败盛行，社会生产处于停滞的状态，无法应对内部和外部的挑战，国家面临严重的危机，只能依靠石油资源和外部贷款维系运转。而依靠石油开采获得的财富被苏丹垄断，没有用于改善阿曼普通人的生活条件，财政困难导致政府无法提供公共服务，依靠传统农业和渔业生活的阿曼人民生活水平低下。

最后，为了获得英国军事支持，泰穆尔苏丹承认桑给巴尔独立。1956年，塔里布·本·阿里（طالب بن علي）在沙特支持下，组建阿曼革命运动（the Omani Revolutionary Movement），在阿曼重建伊玛目国。[①] 泰穆尔苏丹的军队在与伊玛目军队交战中节节败退，撤回到费胡德地区（جبل فهود），而塔里布的阿曼革命运动夺取尼兹瓦和布哈拉（بهلاء），基本夺回伊玛目国的地盘。泰穆尔苏丹向英国求助，英国提出要求桑给巴尔独立，脱离阿曼统治。为了获得英国的军事援助来保住自身王权，泰穆尔苏丹承认了桑给巴尔的独立地位。英国煽动桑给巴尔在1958年脱离阿曼的统治实现独立。1963年12月10日，桑给巴尔共和国宣布成立，在英国的帮助下桑给巴尔作为独立的主权国家获得在联合国的席位。阿曼在17世纪中叶控制了桑给巴尔，一直到桑给巴尔独立前，它都是阿曼在非洲东部地区重要的经济来源和战略支点，把持着波斯湾通往非洲东部海岸的海上贸易。桑给巴尔的独立使阿曼失去了一个重要的战略支点，切断了阿曼与非洲东部的贸易往来和文化联系。

泰穆尔苏丹对权力的绝对垄断和对阿曼的全民封锁使得社会经济发展陷入长期停滞状态，人民生活艰难，苏丹统治到了无以为继的地步，国家面临分裂的风险，阿曼国家转型势在必行。

---

① 关于伊玛目国的产生将在第二章介绍。

第二节　转型外因：卡布斯对国家转型的顶层设计

阿曼的国家转型是以卡布斯苏丹的顶层设计为先导的，其中外源性因素发挥了很大作用，但卡布斯苏丹在思考国家转型的过程中，存在很大的偶然性。对于处于现代前期的发展中国家来说，国家转型的外源性因素主要有两个来源：一是殖民国家在殖民地建立起西方的政府机构和治理体系；二是在西方接受教育的知识精英阶层将西方现代思想带回国内。而阿曼国家转型的外源性因素却有明显的不同。虽然英国长期控制阿曼，但保留了阿曼传统的政治体系——王权政治、部落政治、神权政治并存，也没有建立起与西方相似的现代政府机构。泰穆尔苏丹执政时期，虽然英国顾问提出建立现代政府机构的建议，但并没有被苏丹采纳。泰穆尔苏丹担心西方现代思想传入阿曼引发社会革命而危及自身王权统治，所以采取极端的封闭政策隔绝西方现代思想传入阿曼。

阿曼国家转型的思想来源主要是泰穆尔苏丹之子——卡布斯。卡布斯个人在英国学习的经历使他接触了西方现代思想，也目睹了西方国家现代化取得的重大成就，他决心回到阿曼后改变其贫穷落后的国家面貌。卡布斯对西方现代思想的吸收和对阿曼国家转型的思考分为两个重要阶段。

第一阶段：吸收西方现代思想阶段（1958—1964 年）。卡布斯在英国留学期间，对现代思想的吸收主要来自两个方面：一是在接受西式教育过程中阅读了西方哲学、政治学的相关著作，了解到与阿曼完全不同的政治制度和治理模式；二是长期在英国生活，受到西方发达工业社会生产和生活方式的直接影响。英国的学习生活，重塑了卡布斯对国家社会发展的观念，让这位储君接受了现代国家发展的理念并将其作为建设阿曼的目标。

1958 年 9 月，18 岁的卡布斯离开阿曼到伦敦求学，伦敦作为当时西方世界的政治、经济、文化中心，给青年卡布斯留下深刻印象。① 西方发达的工业社会代表着高效的政府、精细化的管理和专业的官僚体系，与阿曼的传统社会完全不同。工业文明社会给卡布斯带来现代文化的冲击，这是伊斯兰传统文化当中不具备的特征。卡布斯在英格兰苏塞克斯完成中学学业，当时他生活在一个英国牧师的家庭中。作为一名穆斯林，生活在信仰基督教的家庭中，卡布斯学会了尊重不同信仰并与他们和睦相处。这段青年时期的生活经历对卡布斯产生了重要影响，卡布斯执政后始终主张尊重不同信仰，倡导宗教宽容的政策。

1960 年 8 月卡布斯进入英国桑德赫斯特皇家军事学院学习，② 两年后毕业获中尉军衔。③ 这所学院始建于 1947 年，主要培训英军军官，很多阿拉伯国家元首特别是海湾地区阿拉伯国家的领导人都曾在该学院学习。卡布斯在桑德赫斯特皇家军事学院期间，不仅学习军事理论，接受军事训练，更重要的是，作为一名军人，他树立起强烈的国家观念，磨砺出坚毅的品格。1983 年，毕业 20 年后卡布斯重返桑德赫斯特皇家军事学院，他在毕业典礼的致辞中指出，在学院学习的经历是其一生中印象最深刻的经历。卡布斯在军事学院学习期间接触到西方哲学和政治学思想，这影响了他后来对阿曼政治改革的构想，在阿曼传统政治结构的基础上吸收了西方政治思想的部分内容，在保持王权体制的前提下逐步扩大政治参与建设民主政治。1995 年卡布斯在接受《中东政治》杂志采访时表示，“西方教育使我受益良多，在军事学院的学习使我在东西方中找到平衡。我读了很多西方著名思想家的著作，了解了西方的政治思想和哲学思想。有时候我并不赞同这些著作中的思想，但这些思想能够流传至今说明其重要价值，对我而言这些思想能够让我开拓思路，必须从不同方面去研究问题。”④

除了在军事学院的学习外，1958—1964 年卡布斯在英国生活期间也受

---

① عبد البليك،"صاحب الجلالة قابوس بن سعيد الأمل المتحقق"،الطبعة الثانية،مؤسسة عمان للصحافة والنشر والإعلان،2016م،ص32.

② سرجي بليخانوف،"مصلح على العرش قابوس بن سعيد سلطان عمان"،الطبعة الثانية مسقط،2005م،ص130.

③ عبد البليك،"صاحب الجلالة قابوس بن سعيد الأمل المتحقق"،الطبعة الثانية، مؤسسة عمان للصحافة والنشر والإعلان،2016م،ص34.

④ عبد البليك،"صاحب الجلالة قابوس بن سعيد الأمل المتحقق"،الطبعة الثانية، مؤسسة عمان للصحافة والنشروالإعلان،2016م،ص43-42.

到西方政治文化的深刻影响，他对民主原则、言论自由和扩大政治参与基础等英式民主政治很感兴趣，特别是与英国地方政府接触后，他学习了如何回应基层民众对教育、医疗等公共服务的诉求。这些经验成为卡布斯执政后推动治理体系改革的基础。卡布斯在回国前，还花了将近 3 个月时间进行了一次环球旅行，访问了美国、法国、意大利、土耳其、伊朗、巴基斯坦、印度、日本等。这次旅行开拓了卡布斯的视野，增强了他对西方自由民主思想的好感和认同。泰穆尔苏丹安排卡布斯环球旅行目的在于，让他了解西方国家的发展模式不是唯一选择，除了西方的工业社会之外，世界上还有其他的生活方式和文明存在。卡布斯到印度时看望了他的祖父——1931 年退位的泰穆尔·本·费萨尔苏丹（تيمور بن فيصل），卡布斯与其祖父谈到他在英国学习的经历和环球旅行的见闻，以及对阿曼未来的设想。祖父泰穆尔也给了他很多政治上的建议，认为卡布斯是阿曼未来的希望。

第二阶段：立足阿曼传统，思考国家转型道路阶段（1964—1970 年）。卡布斯返回阿曼后向泰穆尔苏丹建议推动阿曼国家转型改革，但在遭到泰穆尔苏丹拒绝后被软禁在萨拉莱。卡布斯在被软禁期间，学习了伊斯兰相关知识和阿曼历史，对阿曼传统有了更加深刻的理解，他将现代思想与阿曼传统结合起来，形成适合阿曼国情的转型发展道路。

1964 年卡布斯结束在英国的学习，返回阿曼萨拉莱，发现自己没有被当作储君对待。卡布斯的父亲泰穆尔在担任王储时就协助祖父费萨尔管理国家事务，卡布斯在军事和政治上已经展现出自己的才能，而泰穆尔苏丹却没有允许他参与任何管理事务。当时阿曼的境况及西方国家的巨大差距给卡布斯带来极大的触动，他下决心要推动阿曼的发展，使其赶上西方发达国家。卡布斯曾向泰穆尔苏丹建议仿照欧洲国家进行社会改革，但却被泰穆尔苏丹警告，命令他跟随宗教学者学习伊斯兰经典、伊斯兰教法和阿曼历史。卡布斯在被软禁期间，没有停止对阿曼复兴的思考，对阿曼历史的学习更加坚定了他领导阿曼走上复兴之路的决心。当时阿曼极端封闭，没有任何报纸和其他新闻媒体，卡布斯想方设法获取国外的报纸，掌握国外的消息，关注着外部世界的发展动向。

在萨拉莱的六年内，卡布斯没有担任任何职务，但他仍然密切地关注着阿曼的局势。他深入研究了阿曼的历史，从历史的角度理解阿曼和各地区之间的差异，将他在英国学习到的西方政治思想和社会改革方式与阿曼当时的社会条件结合在一起，找到一条适合阿曼国家转型道路。卡布斯在萨拉莱被软禁的六年时间，是他深入了解阿曼历史和现状，重新审视西方现代化道路，将资本主义现代化经验与阿曼现实相结合，寻找阿曼国家转型道路的关键阶段。

卡布斯是阿曼国家转型进程的推进者。卡布斯用了六年时间全面了解西方资本主义现代化道路，又用六年时间深入研究了阿曼历史和社会状况，对西方现代思想和工业化发展模式进行了反思，从阿曼的历史传统文化结构去寻找阿曼国家转型的出路，十二年的时间使他完整地构思了阿曼的国家转型战略，为阿曼由传统国家向现代国家转型做了充分准备。

第三节　转型基础：统一的阿曼苏丹国

国家统一和领土完整是国家转型的基础，也是保障传统国家向现代国家转型不出现“文明的断裂”的前提。而阿曼在启动国家转型前面临着分裂的风险，造成阿曼国内动荡的主要原因是前文提到的严重政治危机和社会危机。阿曼严重的国内危机归根结底是发展停滞造成的，只有推动国家经济社会发展，才能从根本上解决国内危机。阿曼落后的自然经济条件无法带动国家转型实现快速发展，因此必须依靠全方位的改革实现阿曼复兴。也就是说，国家稳定和转型发展互为前提，统一稳定的国家是转型发展的基础，国家转型带来的经济社会发展又为巩固国家团结统一提供保障。阿曼在启动国家转型的前期，国家统一面临着两个方面的挑战。

一是伊玛目国①支持者发动的复国运动。伊玛目国支持者在沙特的帮助下组建武装力量，从 1955 年开始与泰穆尔苏丹军队作战。苏丹军队无力清剿伊玛目武装力量，向英国求助，在英军帮助下直到 1959 年才彻底平息伊玛目国的复国运动。

1955 年伊玛目国被击溃，伊玛目国的支持者积极筹划复国运动。1956 年，塔里布・本・阿里（طالب بن علي）在沙特支持下，组建阿曼革命运动。沙特向阿曼革命运动提供了美式装备，塔里布开始招募阿曼人并与伊玛目盖里布・本・阿里・哈纳伊（غالب بن علي الهنائي）、原伊玛目国内伊玛目国内世俗力量的首领苏莱曼・本・哈米亚尔（سليمان بن حميار）、苏莱曼・本・伊萨（سليمان بن عسى）等人谋划同时发动武装抗争，在阿曼重建伊玛目国。1957 年 5 月苏莱曼・本・伊萨发动武装抗争，但很快被镇压下去，苏莱曼本人被捕关押在马斯喀特。

伊玛目盖里布宣布重建伊玛目国后，泰穆尔苏丹派出军队围剿伊玛目盖里布领导的武装力量。但苏丹军队在与伊玛目军队交战中节节败退，伊玛目军队已经占领原伊玛目国控制的地区，苏丹国面临再次分裂的危险。泰穆尔苏丹向英国求助，经议会讨论之后英国政府同意提供军事援助。英国政府派遣一支由喀麦隆人组成的军队前往阿曼支援泰穆尔苏丹，并承诺驻扎在沙迦（الشارقة）的英国皇家空军向苏丹军队提供空中打击的支持。1957 年 8 月，英国军队从伊布拉（ابراء）出发，迅速夺回尼兹瓦和布哈拉（بهلاء），并炸毁了两地的军事要塞。泰穆尔苏丹的军队向萨马伊勒（سمائل）山谷开进并与英国军队汇合，夺回焦夫（الجوف）地区。盖里布・本・阿里、塔里布・本・阿里和苏莱曼・本・哈米亚尔将武装力量撤回艾合达尔山区（الجبل الأخضر）继续开展抵抗运动。艾合达尔山区易守难攻，山区内山洞成为贮藏装备物资、隐蔽武装力量的场所，周边的村镇也向伊玛目武装提供食品并成为来自沙特的武器装备和供给补养的中转站。

---

①　阿曼伊巴迪教派根据伊斯兰教教义建立的政权，宗教领袖掌握最高权力，自称为伊玛目国。

英国军队撤出阿曼后，苏丹无力清除伊玛目国残余武装力量。1958 年 7 月泰穆尔再次向英国求助，要求提供资金装备并协助苏丹武装部队进行训练。英国派遣大卫·斯迈利上校（Colonel David Smiley）到马斯喀特负责组建训练苏丹武装部队，并驱逐在艾合达尔山区盘踞的伊玛目国抵抗武装。苏丹武装部队切断了向山区输送装备物资的小道，并发现了巴尼·哈鲁斯谷地（وادي بني خروس）通往艾合达尔山区最高峰的道路。1959 年 1 月 27—28 日，赛义德·本·泰穆尔苏丹向艾合达尔山区发动总攻，苏丹军队几乎没有遭遇抵抗力量，盖里布·本·阿里、塔里布·本·阿里和苏莱曼·本·哈米亚尔逃出艾合达尔山区后逃往东部沿海地区，从苏威格（السويق）乘帆船前往沙特。阿曼境内伊玛目国反对力量因缺少领导核心而很快解体，泰穆尔苏丹再次掌控整个阿曼。①

二是左翼运动在佐法尔地区的武装抗争。阿曼对佐法尔地区的控制可以追溯到 19 世纪，赛义德王朝将佐法尔作为通往桑给巴尔的一条通道，没有直接派兵控制，直到费萨尔苏丹时期赛义德王朝才派驻总督管理佐法尔，马斯喀特与地方部落一直在争夺佐法尔地区的控制权。20 世纪 50 年代，在阿拉伯民族主义和社会主义思潮影响下，佐法尔地区出现左翼运动组织，武装抗争的目的也发生了变化，将推翻苏丹制实行社会主义制度作为抗争目标。左翼运动在佐法尔地区的武装抗争从 1965 年一直持续到 1975 年，对阿曼国家转型产生重要影响。

1965 年，佐法尔地区反抗武装成立佐法尔解放阵线（جبهة تحرير ظفار），并召开了第一次大会发表宣言，将佐法尔划分成各战区对苏丹政府发动袭击。佐法尔解放阵线的首领穆斯林·本·纳法勒（مسلم بن نفل）曾在赛义德苏丹的皇宫内工作，后被逐出皇宫，走上武装反抗苏丹的道路，1963 年 4 月策划实施袭击石油公司运输车。② 穆斯林·本·纳法勒领导的佐法尔解放

---

① Allen, Calvin H., "Oman: the modernization of the sultanate", Westview Press, 1987, p. 69.

② "ثورة ظفار" *Marefa*, https://www.marefa.org/%D8%AB%D9%88%D8%B1%D8%A9_%D8%B8%D9%81%D8%A7%D8%B1.（上网时间：2019 年 10 月 30 日）

阵线缺少物资装备和武装人员，还没有能力发动大规模武装起义。1966年4月，佐法尔反抗组织人员渗透进苏丹佐法尔武装部队，准备暗杀赛义德苏丹，但没有成功。赛义德苏丹随即收紧了对萨拉莱的封锁，将主要由俾路支人组成的苏丹武装部队调往佐法尔。

1968年9月，佐法尔解放阵线召开第二次代表大会，穆罕默德·艾哈迈德·噶萨尼（محمد أحمد الغساني）担任首领，组织内许多重要职务由左翼激进分子担任，并将该组织名称更改为解放阿拉伯湾被占领土人民阵线①（The Popular Front for the Liberation of the Occupied Arabian Gulf, الجبهة الشعبية لتحرير الخليج العربي المحتل），更名后人民阵线的性质发生了重大变化。此前佐法尔解放阵线只是一支由部落武装构成的向苏丹国表达独立诉求的地方势力，在1968年后解放阿拉伯湾被占领土人民阵线成为国际共产运动和阿拉伯民族主义运动的一支重要力量，在意识形态上反对英国对海湾地区的入侵和殖民统治。人民阵线得到苏联和伊拉克在物质和道义上的支持，将其总部设置在阿曼与南也门边境地区，派遣人员到苏联接受军事实战和政治理论的培训。人民阵线反对伊斯兰教，没收穆斯林的牲畜和耕地，掠走他们的孩子。在佐法尔山区生活的当地人意识到，他们推翻了赛义德苏丹的统治，却迎来了人民阵线的暴政。

解放阿拉伯湾被占领土人民阵线得到突击步枪、重型机枪、迫击炮和火箭弹等武器上的支援，在装备上比赛义德苏丹的军队更加精良。人民阵线的武装人员接受了苏联的军事培训，在作战能力上强于苏丹的军队。虽然人民阵线在佐法尔不得人心，但在军事上表现得更加激进，不再采用埋伏游击的战术，而是直接使用迫击炮攻打萨拉莱平原地区。1968年，人民阵线控制了佐法尔地区的西部海岸，1969年占领了拉赫优特（رخيوت）和萨拉莱港的东部地区。

人民阵线在佐法尔地区的势力不断扩大，阿曼其他反对力量也借机壮

① Ladwig III, Walter C., "Supporting allies in counterinsurgency: Britain and the Dhofar Rebellion", Small Wars & Insurgencies, Vol. 19, No. 1, 2008, pp. 62 – 88.

大。1970 年 6 月，解放阿曼和阿拉伯海湾国家民主阵线（The National Democratic Front for the Liberation of Oman and the Arabian Gulf, الجبهة الوطنية الديمقراطية لتحرير عمان والخليج العربي）在伊拉克的支持下成立。[①] 民主阵线主要由在海外接受教育的阿曼知识分子和阿曼国内反对苏丹统治的反对派构成，民主阵线在意识形态上呈现多元化的特点，没有占据主导地位的政治思想。民主阵线成立之初，成员还不足 100 人，立即发起向伊兹基（ازكي）和尼兹瓦的进攻，但很快失败，大多数武装成员被苏丹安全部队抓捕，民主阵线的首领在马特拉（مطرح）被捕。人民阵线在外部势力的支持下在佐法尔地区以游击战的方式开展反政府活动，在冷战格局的大背景下阿曼面临着分裂的危险。

总的来说，本章从阿曼国家转型前期条件出发，分析了国家转型的内因、外因和转型基础。当时阿曼国内面临严重的政治危机和社会危机，泰穆尔苏丹垄断权力和封闭国家的政策导致经济社会发展长期停滞，社会发展的需求与极端封闭落后的统治之间的矛盾十分尖锐，客观上国家已经到必须变革的阶段。阿曼国家转型的顶层设计是由卡布斯苏丹完成的，卡布斯苏丹对阿曼从传统国家向现代国家转型的思考带有偶然性，与其个人的学习生活经历紧密相关，使得阿曼的国家转型采用了西方现代国家建设的形式，但保留了阿曼历史文化中的传统精髓，走上了一条“阿曼化”的国家转型道路。曾在英国留学的卡布斯接受了西方现代思想，回国后将建设现代化国家的方法与阿曼历史传统相结合，形成阿曼复兴的构想，使之成为指导阿曼国家转型的行动纲领。卡布斯在萨拉莱被软禁的六年完成对阿曼国家转型的构想，但阿曼的国家基础受到伊玛目国复国运动和左翼运动在佐法尔地区武装抗争的威胁。泰穆尔苏丹向英国求援，在英国军队的帮助下最终消灭了伊玛目国的军队，维护了腹地地区和沿海地区的统一。而佐法尔战争一直持续到 1975 年才最终结束，阿曼国家转型基础才得以巩

---

① Ladwig III, Walter C.,“Supporting allies in counterinsurgency: Britain and the Dhofar Rebellion”, Small Wars & Insurgencies, Vol. 19, No. 1, 2008, pp. 62 – 88.

固，摆脱了国家分裂的危险。

综上，泰穆尔与卡布斯维护阿曼统一稳定构成国家转型的前提基础，阿曼社会发展的需求与极端封闭落后的统治之间的矛盾构成国家转型的内在需求，卡布斯吸收西方现代思想与阿曼历史传统结合形成对传统国家向现代国家转型的构想，卡布斯苏丹在政治领域的改革激发了社会活力，带动了其他领域的转型发展，这些历史条件共同构成阿曼国家转型的动因。

第二章　阿曼的政治转型（上）

国家由传统向现代转型最重要的内容是国家主体的转型，也就是国家形态的形成和演化。阿曼国家形态的形成经历了漫长的历史过程，在政权组织形式上先后出现神权政体和王权政体两种国家形式，并在沿海和内陆地区形成相对独立的治理范围。阿曼的传统政治治理体系主要有部落治理、神权治理、王权治理三种形式。神权政治与王权政治之间的矛盾与冲突不断，这一问题直到1970年卡布斯苏丹上台执政启动政治改革后才得以解决。卡布斯苏丹在推动阿曼政治转型的过程中，继承和吸收了王权政治和神权政治的政治传统，确立了基本政治制度，建立了新型政府，释放了阿曼全社会的改革动力，带动了其他领域的转型发展。

第一节　神权政治推动传统国家形态产生

在伊斯兰教传入阿曼前，部落统治是阿曼主要的政治形式，真正意义上具备基本的国家形态和政府功能的政治形式产生于伊巴迪教派[①]建立的伊玛目国，出现了税收、军队、社会福利等政府基本职能。神权政治的出

① 关于伊巴迪教派的传入及对阿曼的影响将在第四章详细说明。

现推动了阿曼国家形态的产生，以伊玛目国建立为标志，阿曼传统国家形态正式形成，也为后来的阿曼王朝提供了合法性来源。

一、阿曼神权政治出现的历史条件

阿曼的神权政治及伊玛目国的出现有特殊的历史条件：第一，阿曼地处阿拉伯半岛东南端，远离伍麦叶王朝政治中心——大马士革，伍麦叶王朝对阿曼的政治军事影响有限；第二，伊巴迪教派在阿曼及周边地区的传播，为创建伊玛目国提供了思想基础；第三，部落治理形式无法调和各部落之间的矛盾，伊巴迪教派的神权政治主张能够调节部落矛盾，得到部落力量的支持；第四，也门伊巴迪教派建立伊玛目国的失败激发了阿曼伊巴迪教派的建国意愿。

公元 8 世纪 40 年代，也门部落起义爆发，伊巴迪教派伊玛目阿卜杜拉·本·叶海亚（عبد الله بن يحيى）建立起伊玛目政权，试图建立一个独立的伊斯兰国家。伍麦叶王朝哈里发麦尔旺二世（مروان الثاني）派兵击溃了伊玛目的军队，伊玛目叶海亚被杀。伊巴迪教派建立的伊玛目政权仅维持 16 个月，却深刻地影响了半岛南部阿拉伯人的独立意识。公元 751 年，朱兰达·本·麦斯欧德（الجلندى بن مسعود）被选举为第一位合法伊玛目，在阿曼建立起伊巴迪教派的伊玛目政权。伊玛目国建立之初面临着两大难题：一是阿曼各部落的反对，甚至伊玛目朱兰达所在的部落也反对伊玛目国；二是阿拔斯王朝的入侵。① 为了巩固新生的伊玛目国，朱兰达处死了自己所在部落的反对者，而阿拔斯王朝的入侵帮助他团结起阿曼各部落的力量。伊玛目国建立的消息传播到伊斯兰帝国的其他地区，也门、哈达拉毛、巴士拉等地的伊巴迪教派支持者纷纷来到阿曼，保卫新生的伊玛目国免受阿拔斯

① Allen, Calvin H., "Oman: the modernization of the sultanate", Westview Press, 1987, p. 67.

的入侵。①

阿曼伊玛目国建立后，很快就成为阿拔斯王朝打击的目标，主要原因有两个：一是伍麦叶王朝灭亡后，阿拔斯朝的哈里发全力镇压帝国内部的起义，特别是那些处于帝国边缘的地方政权，而伊巴迪教派并没有向阿拔斯王朝表示忠诚和支持，成为阿拔斯王朝打击的对象；二是阿拔斯王朝哈里发艾布·阿拔斯（أبو العباس）考虑征服印度和中亚，必须确保控制穿越波斯湾的军事通道，② 而阿曼正处于这条通往西印度洋的军事通道上，成为阿拔斯军队向东开拓疆域的阻碍。

艾布·阿拔斯向波斯湾派出军队围剿哈瓦利吉派，并借此要求阿曼归顺阿拔斯王朝。伊玛目朱兰达·本·麦斯欧德拒绝归顺阿拔斯王朝，阿拔斯大军攻打阿曼，击溃了伊玛目政权，朱兰达·本·麦斯欧德被杀，③ 他建立的伊玛目政权仅维持了两年。阿拔斯在击溃伊玛目政权后，将管理阿曼事务的权力交给朱兰达家族的拉希德（رشيد）。公元 794 年，伊巴迪教派选举穆罕默德·本·阿卜杜拉·本·阿凡（محمد بن عبد الله بن عفان）为伊玛目，虽然穆罕默德当选伊玛目存在争议，但他成功地在扎希拉省（الظاهرة）——朱兰达政权的大本营，击败了朱兰达家族，结束了朱兰达家族在阿曼的统治。次年，伊玛目穆罕默德·本·阿卜杜拉被废黜，瓦里斯·本·卡布·哈鲁西（الوارث بن كعب الخروصي）被选举为伊玛目。

阿拔斯王朝哈里发哈伦·拉希德（هارون الرشيد）决意消灭阿曼独立政权，加强伊斯兰帝国对阿曼的控制，派出伊萨·本·贾法尔·本·苏莱曼（عيسى بن جعفر بن سليمان）带领 1000 骑兵和 5000 步兵进攻阿曼。阿拔斯军队首领伊萨在苏哈尔被杀，哈里发哈伦得知后决心再次派出军队进攻阿曼，但哈

① Ministry of Information, Sultanate of Oman, "Oman in History", Immel Publishing Ltd. London, 1995, p. 149.

② Ministry of Information, Sultanate of Oman, "Oman in History", Immel Publishing Ltd. London, 1995, p. 149.

③ Allen, Calvin H., "Oman: the modernization of the sultanate", Westview Press, 1987, p. 27.

里发突然去世，没有再次向阿曼派出军队。[①] 伊玛目开始向阿拔斯王朝哈里发上交岁贡，缓和了与阿拔斯王朝哈里发之间的关系，阿曼迎来一段和平时期。

阿拔斯王朝的军事打击和朱兰达家族的部落统治虽然消灭了伊玛目国，但伊巴迪教派通过军事行动夺回政权，又以外交手段缓和与阿拔斯王朝的关系，为神权国家的巩固和发展奠定重要基础，伊巴迪教派的神权政治随着伊玛目国的壮大走向顶峰。

二、阿曼伊玛目国家的政治特征

伊巴迪教派在阿曼建立的伊玛目国国在公元 8 世纪末到 9 世纪末这近 100 年的时间内充分发展，先后经历了噶桑·本·阿卜杜拉·耶合马迪（غسان بن عبد الله اليحمدي）、阿卜杜·马利克·本·哈米德（عبد المالك بن حميد）、穆哈纳·本·吉法尔（المهنا بن جيفر）、莱特·本·马利克（الصلت بن مالك）四位伊玛目的统治，他们将政治主张变为建国实践，保持了阿曼国内形势的稳定。伊巴迪教派的神权政治制度得到巩固，伊玛目国的国家形态趋于稳定并向周边扩展。

第一，伊玛目选举制成为神权政治领导核心产生的制度安排。伊玛目既是宗教领袖，也是国家元首，伊玛目的产生方式是神权政治的核心问题。自公元 751 年，阿曼首位合法伊玛目朱兰达·本·麦斯欧德（الجلندى بن مسعود）自选举产生，其继任者穆罕默德·本·阿卜杜拉·本·阿凡、瓦里斯·本·卡布·哈鲁西、噶桑·本·阿卜杜拉·耶合马迪、阿卜杜·马利克·本·哈米德、穆哈纳·本·吉法尔、莱特·本·马利克共

① Ministry of Information, Sultanate of Oman, "Oman in History", Immel Publishing Ltd. London, 1995, p. 150 – 151.

六位伊玛目都是由欧莱玛[①]（علماء）选举产生，选举制已经成为伊玛目的产生制度。同时，伊玛目选举制还包括废黜伊玛目的内容，穆罕默德·本·阿卜杜拉·本·阿凡在当选伊玛目的第二年就被废黜，阿卜杜·马利克·本·哈米德在执政末期其政策受到军队和欧莱玛的质疑和批评，最终被欧莱玛罢免。

第二，发展农业生产和海上贸易，促进沿海和内陆地区的往来，巩固伊玛目国的经济基础。伊玛目噶桑执政时，主持修缮了阿夫拉吉[②]灌溉系统发展农业生产，使伊玛目国的首都尼兹瓦成为当时伊斯兰教的中心；同时，噶桑缔造了阿曼海军，他组建的阿曼舰队负责打击侵扰阿曼领土劫掠商船的印度洋海盗，保护了阿曼的海上贸易，促进了沿海地区的经济发展，伊玛目国迎来了发展的鼎盛时期。

第三，打击部落叛乱，维护伊玛目国稳定。伊玛目国与阿拔斯王朝关系缓和后，外部势力入侵的威胁降低，但仍面临内陆部落势力的威胁，部落势力仍在内陆地区积蓄力量准备夺回政权的叛乱时有发生，直接威胁到伊玛目国神权政治的存续。在噶桑伊玛目和穆哈纳伊玛目时期，严厉地镇压了阿曼内部部落叛乱，保障了伊玛目国稳定和统一。穆哈纳伊玛目对于反对伊玛目国的部落力量毫不手软，朱兰达家族发动叛乱，穆哈纳伊玛目派出军队打击朱兰达家族，两军在布赖米（البريمي）决战，朱兰达家族惨败家族成员或被处决或被流放。[③]

第四，建立海军打击海盗，扩大伊玛目国对周边地区的影响。阿曼有着数千公里的海岸线，最主要的威胁来自海上。印度洋海盗在沿海地区对阿曼海岸和商船持续不断的侵扰严重影响了阿曼的海上贸易。噶桑伊玛目

① 伊斯兰学者的统称，指精通伊斯兰经典注学、圣训学、教义学、教法学并有系统的宗教知识的学者。早期什叶派未形成正式的教职制度，但因其教义强调对伊玛目的信仰和忠诚，加之历史上该派长期受到统治者的压制，其组织系统较为严密，后来形成欧莱玛制。引自中国伊斯兰百科全书编委会编：《中国伊斯兰百科全书》，四川辞书出版社 1994 年版，第 430 页。

② 阿曼特有的灌溉系统名称，第三章将详细介绍阿曼的灌溉农业及阿夫拉吉灌溉系统。

③ Ministry of Information, Sultanate of Oman, "Oman in History", Immel Publishing Ltd. London, 1995, p. 153.

是阿曼海军的缔造者，伊玛目国组建的海军舰队主要用于打击海盗，保护海上贸易。到了穆哈纳伊玛目时期，穆哈纳沿袭了噶桑的政策，加强阿曼海军和陆军的建设，同时设立陆军驻防制度。穆哈纳执政时期，阿曼海军拥有300艘全副武装的战舰，可以随时听候指挥投入战斗。[①] 穆哈纳扩充陆军，根据情况增加步兵和骑兵并派往各地驻防，仅尼兹瓦一地驻军就有步兵一万人、骆驼七百头、战马六百匹。穆哈纳时期伊玛目国的军队规模和战斗力远超噶桑伊玛目时期，当时伊玛目国领土已经延伸到阿曼周边地区包括也门的索科特拉岛和哈达拉毛。

三、伊玛目国的消亡与神权政治的影响

伊巴迪教派建立的伊玛目国经历了一百多年的鼎盛时期后走向消亡，导致其灭亡的主要原因有以下几点：

第一，伊玛目选举制的内部分歧削弱了伊玛目国的领导核心。从伊巴迪教派伊玛目产生的历史来看，伊玛目选举制包括废黜伊玛目的内容。然而，作为伊玛目的选举组织——欧莱玛内部对能否罢免伊玛目产生了重大的分歧，欧莱玛集团分裂成两派，其中尼兹瓦派[②]认为罢免伊玛目是合理的，而鲁斯塔克派[③]否认这一理论。[④] 由于这一分歧，两派无法就伊玛目人选达成一致，伊玛目国在面对外敌入侵时，作为军事领导的伊玛目频繁更替，难以形成强有力的领导核心，导致伊玛目国的式微和衰亡。

第二，伊玛目国意识形态核心的伊巴迪教派学说受到伊斯兰教其他教派的挑战。伊巴迪教派学说是伊玛目国的意识形态基础，也是阿曼各部落

---

① Ministry of Information, Sultanate of Oman, “Oman in History”, Immel Publishing Ltd. London, 1995, p. 153.

② 尼兹瓦（نزوى）原为伊玛目国的首都，在尼兹瓦形成的伊巴迪学者派别被称为尼兹瓦派。

③ 鲁斯塔克（الرستاق）为伊玛目国另一中心城市，多位伊玛目将鲁斯塔克作为政治中心，同尼兹瓦派相似，在鲁斯塔克形成的伊巴迪学者派别被称为鲁斯塔克派。

④ Allen, Calvin H., “Oman: the modernization of the sultanate”, Westview Press, 1987, p. 29.

接受伊玛目国统治的合法性来源。而在伊玛目国鼎盛时期，伊斯兰教其他教派也在阿曼境内传播。伊斯兰教其他教派也具备调节社会关系缓和部落矛盾的功能，伊巴迪教派不具备不可替代性。伊斯兰教盖德里耶派[①]（القادرية）和展缓派[②]（المرجئة）在苏哈尔非常活跃，号召当地民众信仰他们的教派，这两个教派的影响已经不局限于阿曼，并向周边地区传播。

第三，神权政治与部落政治的矛盾长期存在，没有得到根本解决。伊玛目作为宗教领袖和国家元首的权力没有延伸到部落内部，神权政治虽是伊玛目国的政治体系，但在治理体系上，部落治理仍然发挥作用。这就导致了神权政治与部落政治之间的矛盾长期存在，其也是部落叛乱时常发生的根本原因。公元 886 年，穆萨·本·穆萨（موسى بن موسى）在信仰伊巴迪教派的也门部落支持下发动叛乱，伊玛目萨莱特·本·马利克（الصلت بن مالك）在执政 35 年后被驱逐出伊玛目国首都尼兹瓦。

第四，阿拔斯王朝的军事干预彻底击溃了伊玛目国。伊玛目萨莱特·本·马利克被废黜后，穆萨·本·穆萨夺取了伊玛目国的权力。穆萨对逊尼派采取敌对政策，引发激烈的教派冲突，阿曼陷入长达七年的内战。阿曼信仰逊尼派的各部落及其盟友都遭到穆萨的镇压和迫害，教派冲突的影响一直延续到公元 890 年穆萨去世后。在穆萨的高压政策下，逊尼派最终向阿拔斯王朝驻巴林总督穆罕默德·本·努尔（محمد بن نور）求助。公元 893 年，阿拔斯王朝哈里发批准巴林总督穆罕默德带兵进入阿曼。穆罕默德从陆路和水路进军阿曼，阿拔斯军队陆上由布赖米（البريمي）进入阿曼，水路在朱法尔（جلفار）登陆向伊玛目国首都尼兹瓦开进。阿赞·本·塔米姆（عزان بن تميم）担任伊玛目，带领伊玛目国武装抗击阿拔斯军队入侵，最

---

① 亦称“反宿命论派”“自由意志派”。“盖德里耶”系阿拉伯语音译，原意为“前定”“定命”。引自中国伊斯兰百科全书编委会编：《中国伊斯兰百科全书》，四川辞书出版社 1994 年版，第 159 页。

② 亦称“穆尔吉埃派”，该派在教义上对穆斯林中犯大罪的人（包括当权者）是否构成叛教罪等有争议的问题，坚持“暂不做判断，可推延到末日由真主裁判”。引自中国伊斯兰百科全书编委会编：《中国伊斯兰百科全书》，四川辞书出版社 1994 年版，第 380 页。

终不敌阿拔斯军队的进攻，从首都尼兹瓦撤出。巴林总督穆罕默德抓捕并处死了伊玛目阿赞，将其人头送给哈里发，伊玛目国彻底被击溃。

虽然伊巴迪教派建立的伊玛目国被阿拔斯王朝消灭了，但神权政治的政治体制和伊玛目国的国家形式在阿曼具有深刻的影响，成为阿曼政治传统的重要组成部分。

第一，伊玛目国成为阿曼传统国家形态的雏形。在伊巴迪教派建立伊玛目国前，部落是政治治理的主体，各部落势力割据相互争夺资源，部落治理形式不能形成有效的治理体系，很难在部落基础上建立起民族国家。而伊巴迪教派建立的伊玛目国具备国家组织形式和基本政府职能，成为阿曼传统国家形态的雏形。

第二，伊玛目国的势力范围奠定了阿曼的领土疆域。伊玛目国的建立团结了阿曼内部的各支部落力量，对外可抵御阿拔斯王朝的军事干预，形成相对固定的势力范围，划定了阿曼领土疆域的边界，特别是噶桑伊玛目创建了阿曼海军，极大地扩大了伊玛目国的势力范围，为赛义德王朝时期开拓非洲东部沿海地区和桑给巴尔，建立海上帝国划定了重要海疆范围。

第三，以伊玛目选举为核心的神权政治成为一种政治制度。伊玛目集中了行政、法律、宗教、军队、外交等重要职能，既是宗教领袖，也是国家元首，还是政府首脑，权力高度集中的形式构成神权政治的核心。选举产生伊玛目保障了最高权力的和平转移，逐步制度化，最终成为神权政治的重要内容，与阿拉伯帝国中央政权采用的哈里发世袭制不同，对帝国边疆地区产生了重要影响。从阿拉伯半岛南端的也门，到北非的阿尔及利亚、突尼斯，都有伊巴迪教派的追随者。公元 777 年，伊巴迪教派伊玛目阿卜杜·拉赫曼·本·罗斯通（عبد الرحمن بن رستم）掌控阿尔及利亚在塔西拉（تاهرت）建立了罗斯通王朝，延续了 136 年，使伊巴迪教派在北非落地生根。直到今天，在阿尔及利亚的密扎比绿洲（واحة ميزاب）、突尼斯杰尔巴岛（جزيرة جربة التونسية）和内富萨山区（جبل نفوسة）仍然生活着信仰伊巴迪教派的穆斯林。

第四，神权政治与部落政治的矛盾成为国内政治动荡的主要原因。伊玛目国的神权政治没有延伸到部落内部，部落政治仍然普遍存在。在伊玛目国遭到外部入侵或内部出现分歧时，部落势力就会发动武装叛乱与伊玛目争夺权力。伊玛目国被阿拔斯王朝击溃后，神权政治与部落政治之间的矛盾引发阿曼国内旷日持久的内战，最终成为阿曼政治动荡的主要原因。从公元 9 世纪直到 1955 年泰穆尔苏丹统一阿曼，二者之间的矛盾一直存在，构成阿曼政治发展的一条主线。

第二节 反殖民抗争催生民族独立意识

阿曼的民族意识产生与葡萄牙殖民入侵密切相关，在葡萄牙人入侵阿曼前，其长期处于神权政治与部落政治反复争夺的循环当中，宗教认同和部落认同是阿曼人社会身份的主要来源，阿曼人尚未形成广泛的民族认同，缺少建立民族国家的社会意识基础。在 16 世纪初，随着大航海时代的到来，葡萄牙人为了打开通往印度洋地区的贸易航路派遣舰队入侵阿曼，对阿曼实行了 140 余年的殖民统治，阿曼成为连接波斯湾与印度洋海上贸易通道的战略要地。葡萄牙对阿曼的殖民入侵激起阿曼人的反抗精神和民族意识，部落力量与宗教力量团结起来抵抗殖民者，最终将葡萄牙殖民者赶出阿曼，建立起封建王朝制度，奠定传统民族国家的基础。

一、葡萄牙的殖民入侵

阿曼地处波斯湾通往印度洋的海上交通要道，扼守霍尔木兹海峡，具有极为重要的战略意义。15 世纪初开始，葡萄牙长期致力于夺取非洲、印度和东南亚的主要港口，特别是亚丁、马六甲和霍尔木兹等战略据点，从而全面封锁当地人的航运通道，进而通过海军优势夺取制海权。[①] 葡萄牙为了打通从西亚通往印度洋的海上贸易通道，于1507年派兵入侵阿曼占领沿海港口。葡萄牙人对阿曼的殖民入侵分为两个阶段，在殖民统治政策上有所不同。

（一）第一阶段：武力征服和军事占领阶段

葡萄牙人在入侵阿曼的初期，主要依靠强大的海军力量进行武力征服，以占领阿曼沿海重要港口为目标。

1507年，阿方索·德·阿尔伯克基（Afonso de Alboqueerque）带领葡萄牙舰队抵达阿曼海岸，一路从哈德角（رأس الحد）到苏尔（صور）抢劫了所有港口。[②] 葡萄牙舰队最终在加尔哈特（قلهات）登陆，舰队首领阿尔伯克基与霍尔木兹国王会面。迫于葡萄牙舰队的军事威胁，加尔哈特放弃抵抗宣布投降。葡萄牙军队随即向马斯喀特开进，沿途遭遇阿曼人的武装抵抗。葡萄牙军队击溃了马斯喀特附近的抵抗力量，马斯喀特总督收到消息后立即向阿尔伯克基投降，并给葡萄牙军队提供补给。马斯喀特遭到葡萄牙军队围攻后，阿曼内地派出军队前来支援，援军到达马斯喀特后，马斯喀特总督组织反击战，但最终不敌葡萄牙军队，马斯喀特抵抗力量被镇压下去，马斯喀特城陷落。阿尔伯克基把俘虏的老百姓作为人质，勒令居民缴纳1万金币罚金。居民拿不出这笔巨款，他就下令割掉战俘的耳朵和鼻子，抢光、烧光全城，并放火烧毁了整个马斯喀特城。[③]

葡萄牙军队攻陷马斯喀特后向苏哈尔进发。面对葡萄牙军队的威胁，起初苏哈尔总督准备反击，得知马斯喀特陷落的消息后决定向葡萄牙军队投降并缴纳岁贡。葡萄牙人接受了苏哈尔的投降，没有劫掠苏哈尔城，甚

① 牟方君、孙利龙主编：《世界海洋政治概论》，武汉理工大学出版社2017年版，第78页。

② عُمان: القوى الأوروبية Fanack, Sep. 29, 2009, https://fanack.com/ar/oman/history-past-to-present/european-powers/.（上网时间：2019年10月7日）

③ 郭应德：《阿拉伯史纲（610—1945）》，经济日报出版社1997年版，第229页。

至任命了一名阿拉伯人作为葡萄牙人的代理人管理苏哈尔。[①] 葡萄牙人入侵阿曼的最后一站是霍尔法坎（خورفكان），霍尔法坎总督没有向葡萄牙人投降，最终与马斯喀特一样遭遇葡萄牙人的烧杀劫掠。葡萄牙人用了不到一个月的时间征服了整个阿曼海岸。

（二）第二阶段：委任统治和经济控制阶段

葡萄牙人并不满足于征服阿曼海岸，企图占领整个霍尔木兹地区。由于人力和船只的限制，葡萄牙人调整了殖民入侵的方式，从军事占领变为委任统治，在当地任命代理人管理占领港口，改变暴力掠夺财富的方式，改为向被占领地区收取岁贡，通过控制港口和垄断贸易控制了印度洋往来于波斯湾的海上贸易通道。他们更愿意通过使用海军力量来获取直接利益，通过向已经占领的港口征收商品税，或者发放许可证给那些他们占领的地区来获利。[②]

为了征服霍尔木兹，阿尔伯克基带领葡萄牙舰队在索科特拉岛上准备了一年时间。1508 年秋天，葡萄牙舰队卷土重来，向阿拉伯人和霍尔木兹的君主提出条件，只要向葡萄牙缴纳岁贡，葡萄牙就不发动军事入侵保证他们继续统治。迫于葡萄牙人的军事威胁，阿曼海岸港口及霍尔木兹地区都被葡萄牙人控制，阿曼的加尔哈特成为葡萄牙在通往印度洋航路的重要转口港。

葡萄牙自 1507 年占领阿曼沿海港口以来，在此后的 100 多年时间内控制了波斯湾通往印度洋地区的海上贸易网络，垄断了由印度洋通往欧洲的香料贸易，穆斯林的航行遭到沉重打击。阿拉伯海与孟加拉湾之间的传统航海联系被葡萄牙人中断，但在整个 16 世纪，葡萄牙在印度洋的野心也受

① Allen, Calvin H. , "Oman: the modernization of the sultanate", Westview Press, 1987, p. 33.

② ［英］菲利普·德·索萨著，施诚、张珉璐译：《极简海洋文明史》，中信出版社 2016 年版，第 89 页。

到人力不足、船只和资本短缺的限制。[①] 主要原因有两方面：一是奥斯曼帝国与伊朗萨法维王朝在16世纪断断续续处于交战状态，葡萄牙为了获得伊朗萨法维王朝的支持对抗奥斯曼帝国的海军，允许香料通过葡萄牙控制的港口进出波斯湾；二是葡萄牙垄断特殊商品贸易的体系出现漏洞。16世纪早期，葡萄牙航海家们开始同印度洋地区和远东地区进行海上贸易，由于缺乏足够的资源来完全控制这一贸易网，他们试图建立一个由王室垄断重要贸易物品的模式。[②] 越来越多的葡萄牙冒险家、商人、叛国者、贪污腐化的王室官吏或不顾官方的管理，或违背印度公司的权力和特许政策。他们为了个人利益而从事贸易，不仅减少了王室贸易的利润，而且进一步把欧洲的贸易组织融入印度洋世界的传统商业体系。[③]

二、阿曼人的反殖民抗争

葡萄牙对阿曼的入侵和掠夺激起阿曼人的反殖民抗争，根据葡萄牙人两个阶段不同的殖民政策，阿曼人的反殖民抗争也可以划分为两个阶段。

（一）第一阶段：阿曼被占港口地区的反殖民抗争

葡萄牙人入侵阿曼港口的初期阿曼人就爆发了多次反殖民抗争，但由于力量对比悬殊很快被殖民者镇压下去。在葡萄牙人实行委任统治阶段，阿曼人在波斯湾地区积蓄力量，发动武装起义准备夺回重要港口，但没有获得成功。

1521年，波斯湾地区爆发起义，葡萄牙在苏哈尔的驻军被歼灭，但是

---

① ［澳］麦克弗森著，耿引曾、施诚、李隆国译：《印度洋史》，商务印书馆2015年版，第132页。

② ［英］菲利普·德·索萨著，施诚、张珉璐译：《极简海洋文明史》，中信出版社2016年版，第89页。

③ ［澳］麦克弗森著，耿引曾、施诚、李隆国译：《印度洋史》，商务印书馆2015年版，第132页。

葡萄牙在加尔哈特的代理人逃到马斯喀特。马斯喀特总督谢赫·拉希德（الشيخ رشيد）帮助葡萄牙人镇压阿曼人在波斯湾发动的起义。在马斯喀特总督的帮助下，葡萄牙人重新占据了苏哈尔，并在马斯喀特驻军，替代加尔哈特将其作为葡萄牙在阿拉伯半岛上的主要贸易港口。

（二）第二阶段：奥斯曼帝国对波斯湾航行权的争夺

葡萄牙人控制了霍尔木兹海峡，垄断了波斯湾往来印度洋的海上贸易通道，直接影响了奥斯曼帝国的海上贸易收入，奥斯曼帝国哈里发派出海军打击葡萄牙人在阿曼的驻军。

葡萄牙人控制了波斯湾的入口，阻碍奥斯曼帝国的商船从现在的伊拉克进入印度洋地区，奥斯曼帝国哈里发苏莱曼一世开始在印度洋部署海军力量，目标是对付葡萄牙在这里建立的贸易据点。① 1536—1546 年间，为了争夺印度洋沿岸的港口，奥斯曼帝国与葡萄牙之间共进行了 19 次战役，其中有 4 次战役的涉及范围超出红海和波斯湾海域。② 1552 年葡萄牙人在马斯喀特建筑防御工事，以抵御奥斯曼海军对马斯喀特的威胁。1554 年，奥斯曼海军与葡萄牙舰队在阿曼海域交战，开战初期奥斯曼海军获得胜利，最终在马斯喀特附近的法哈尔岛（جزيرة الفحل）被葡萄牙舰队击溃。葡萄牙人在马斯喀特又修建了密拉尼（ميراني）及杰拉里（جلالي）两座军事要塞，③ 巩固对马斯喀特港口的控制，将其作为葡萄牙舰队和商船的主要港口。

---

① ［英］海伦·尼科尔森著，刘晶波译：《十字军》，上海社会科学院出版社 2013 年版，第 166 页。

② ［美］林肯·佩恩著，陈建军、罗燚英译：《海洋与文明》，天津人民出版社 2017 年版，第 426 页。

③ عُمان: القوى الأوروبية (القرن السادس عشر- القرن السابع عشر) *Fanack*, Sep. 29, 2009, https://fanack.com/ar/oman/history – past – to – present/european – powers/.（上网时间：2019 年 10 月 7 日）

三、民族独立意识的觉醒

葡萄牙人的殖民入侵和殖民统治给阿曼带来深重苦难，唤起阿曼人的民族独立意识。在葡萄牙人入侵阿曼的初期，阿曼人反抗殖民者的斗争没有取得根本性胜利，主要原因在于阿曼沿海各港口的武装力量有限，与葡萄牙海军相比处于劣势，各港口城市的武装力量各自为战，难以形成有效的反抗力量，最终被葡萄牙人各个击破。奥斯曼帝国海军与葡萄牙人舰队之间的海上争夺战，主要是为了争夺波斯湾航行权，无法从根本上将葡萄牙殖民者赶出阿曼。葡萄牙人在阿曼殖民统治100多年后，阿曼的反殖民抗争迎来历史机遇，作为殖民者的外部条件和阿曼内部条件都发生了变化。

一方面，葡萄牙殖民者对阿曼的控制减弱。到了17世纪，波斯湾周边的形势发生了变化，葡萄牙人对阿曼的控制开始减弱，除了前文提到的葡萄牙内部原因外，荷兰、英国和法国等其他欧洲列强为了寻求贸易对象和打通海上贸易通道参与到波斯湾的竞争，限制了葡萄牙在波斯湾的势力。在其他西方列强参与波斯湾海上通道争夺中，葡萄牙人很难再通过委任统治和经济控制来垄断波斯湾海上贸易，对阿曼各港口的控制减弱。

另一方面，阿曼内陆的纳伯汉王朝在17世纪20年代灭亡，国内进入权力重组的阶段。纳伯汉王朝灭亡后，内陆地区陷入部落冲突的混乱局面，各部落纷纷趁机争夺权力。纳西尔·本·穆拉希德·亚里巴（ناصر بن مرشد اليعربي）被伊巴迪教派长老选为伊玛目，逐步控制了阿曼内陆地区，组织武装力量攻打沿海地区的葡萄牙殖民者。

阿曼的民族独立意识在反抗殖民统治的过程中不断形成和加强，但宗教势力和部落势力起到决定性作用，换言之宗教势力和部落势力团结一致才是打击殖民者的基础。纳西尔首先得到伊巴迪教派的支持，统一了阿曼内陆地区的各部落力量，在从内陆地区向沿海地区进攻过程中得到其他部落势力的支持。然而，在葡萄牙人切断内陆地区与马斯喀特的贸易通道后，内陆地区的部落势力利益受损，纳西尔政权受到部落势力威胁被迫与葡萄牙人达成和解协议。阿曼民族独立意识的形成在反殖民斗争中出现反复，主要原因是部落利益和宗教利益受损导致反殖民抗争武装力量内部出现分歧。由此可见，部落势力和宗教势力之间的关系影响阿曼民族独立意识形成，需要有一个强有力的领导核心弥合两者之间的张力。

1624 年，纳西尔在伊巴迪教派精英的支持下被选为伊玛目国元首，定都鲁斯塔克。纳西尔出任伊玛目之初，阿曼正处于部落混战争夺权力的时期，伊玛目纳西尔的权威并不被承认，甚至纳西尔家族成员也反对他。面对阿曼各地的反对派和其他政权，纳西尔决心统一阿曼，从他自己所在的家族控制的鲁斯塔克和纳赫尔（نخل）开始。纳西尔将他的表兄弟马利克·本·艾比·阿拉比（مالك بن أبي العرب）驱逐出鲁斯塔克，随后将纳西尔·本·噶特尼（ناصر بن قطن）驱逐出扎希拉，最终控制了内陆的全部城市。① 在全面控制内陆地区后，伊玛目纳西尔发动了驱逐葡萄牙人的战役。纳西尔先后进攻马斯喀特和苏哈尔，但均以失败告终，葡萄牙人仍然控制着阿曼的重要港口。为了报复纳西尔的进攻，葡萄牙禁止阿拉伯人在马斯喀特从事贸易活动。虽然纳西尔没有从葡萄牙人手中夺回港口，但将葡萄牙的势力隔离在马斯喀特和苏哈尔，阻止其进一步向内陆延伸。葡萄牙在马斯喀特对阿拉伯人的贸易禁令，切断了内陆部落同外部的贸易通道，引起内陆部落的不满，伊玛目政权面临来自内陆部落势力的挑战，急需打通马斯喀特的贸易通道，纳西尔被迫与葡萄牙谈判最终达成和解。在平定了内陆部落叛乱后，纳西尔再次组织力量进攻苏哈尔，于 1643 年从葡萄牙人手中夺回苏哈尔。伊玛目的军队继续进攻马斯喀特，1648 年马斯喀特眼见要被伊玛目军队攻克之时，纳西尔身体状况急剧恶化，不得不撤军与葡萄牙谈判，最终允许葡萄牙保留对马斯喀特的控制，但需将马特拉（مطرح）归还

① "دولة اليعاربة"، دانة الوهادين، Apr. 10，2016，https：//mawdoo3. com/% D8% AF% D9% 88% D9%84% D8% A9_% D8% A7% D9%84% D9%8A% D8% B9% D8% A7% D8% B1% D8% A8% D8% A9# . D8. A3. D8. A6. D9. 85. D8. A9 _ . D8. AF. D9. 88. D9. 84. D8. A9 _ . D8. A7. D9. 84. D9. 8A. D8. B9. D8. A7. D8. B1. D8. A8. D8. A9. （上网时间：2019 年 10 月 7 日）

给阿曼并保障阿拉伯人在马斯喀特的贸易自由。

阿曼民族独立意识觉醒的重要标志是亚里巴王朝将葡萄牙殖民者赶出阿曼。纳西尔虽然多次进攻葡萄牙人，但没有取得决定性胜利，后迫于内陆地区部落势力的压力，与葡萄牙人达成和解协议。但在与葡萄牙人作战的过程中，部落利益和宗教利益受到贸易通道中断的影响限于部落谢赫和教派长老，更多的阿曼人希望赶走殖民者实现民族独立。因此，纳西尔伊玛目发动的反殖民抗争虽然没有取得彻底的胜利，但是阿曼人赶走殖民者的决心不断增强，最终实现了民族独立的目标。

伊玛目纳西尔于1649年4月去世，其堂弟苏尔坦·本·赛义夫·亚里巴一世（سلطان بن سيف اليعربي）继任伊玛目。苏尔坦在被选举为继任伊玛目后，没有遵守其堂兄纳西尔与葡萄牙人之间的协议，制定将葡萄牙人驱赶出阿曼的计划。1649年底，苏尔坦命令阿曼海军做好海上进攻的准备，将部落武装力量调往马特拉。苏尔坦发动了对马斯喀特的进攻，伊玛目军队夺取了进入港口的通道，葡萄牙指挥官命令军队撤回密拉尼要塞。葡萄牙人在要塞内坚守不出，在要塞内苦守了一段时间后，终于认识到继续抵抗下去徒劳无益，最终向伊玛目苏尔坦投降。伊玛目苏尔坦收缴了葡萄牙人停泊在马斯喀特港的大部分舰船作为战利品，允许葡萄牙驻军撤回到印度果阿（Goa）。1649年，苏尔坦将葡萄牙人驱逐出马斯喀特，此举极大地提升了他的威望。① 1650年1月葡萄牙人从马斯喀特撤离，结束了对阿曼的142年的殖民统治。②

① 黄培昭、苏丽雅：《当代阿曼苏丹国社会与文化》，上海外教育出版社2003年版，第32页。

② "شخصيات حكمت عمان: الشخصية الثامنة عشرة: الإمام سلطان بن سيف بن مالك اليعربي"， Jun. 4, 2018, https://www.atheer.om/archives/471776/%D8%B4%D8%AE%D8%B5%D9%8A%D8%A7%D8%AA-%D8%AD%D9%83%D9%85%D8%AA-%D8%B9%D9%85%D8%A7%D9%86-%D8%A7%D9%84%D8%B4%D8%AE%D8%B5%D9%8A%D8%A9-%D8%A7%D9%84%D8%AB%D8%A7%D9%85%D9%86%D8%A9-%D8%B9%D8%B4%D8%B1%D8%A9/.（上网时间：2020年10月11日）

第三节　王权政治遭遇传统政治危机

亚里巴王朝将葡萄牙殖民者赶出阿曼，阿曼进入封建王权政治的阶段，历经亚里巴王朝和赛义德王朝两个时期，赛义德王朝的王权政治一直延续到现代阿曼。王权政治的出现加强了阿曼的中央集权，进一步巩固了阿曼民族意识基础，在殖民者控制的海上贸易通道基础上，阿曼建立起强大的海洋帝国，成为阿曼历史上最强盛的阶段。部落政治和宗教政治之间的矛盾在殖民者入侵时期得以缓和，但王权政治稳固后依然受到来自部落势力和宗教势力的挑战。在赛义德王朝时期，神权和王权分离的现象出现，阿曼再次陷入神权与王权并立的局面。部落势力和宗教势力在王权更迭时的强力干预，导致王权政治碎片化。阿曼海上帝国的地位也逐渐衰落，陷入王权势力、部落势力、宗教势力三方反复争夺领导权的政治危机当中。

一、王权政治的形成

阿曼国内主要矛盾的变化为王权政治形成提供了历史条件。阿曼的王权政治形成有特殊的历史条件，葡萄牙殖民入侵使阿曼国内的主要矛盾发生了变化。在17世纪初，阿曼社会的主要矛盾是阿曼人与葡萄牙殖民者之间的矛盾，驱赶葡萄牙殖民者是各方政治势力的主要目标，也是阿曼民众的迫切愿望。为了赶走殖民者，恢复对阿曼海岸地区的控制，宗教政治与部落政治之间的矛盾缓和，宗教势力与部落势力团结起来，神权和族权得以统一，形成阿曼反殖民斗争的领导核心。宗教力量需要借助部落武装力量，组织召集各部落武装需要依靠宗教领袖。因此，在这种特定的历史条件下，神权政治与部落政治相结合催生了集部落武装首领和宗教领袖于一身的王权政治形式。

亚里巴王朝的创立者纳西尔是在70余名宗教学者推荐下，作为亚里巴部落成员被选为伊玛目的。[①] 在驱逐葡萄牙殖民者的过程中，宗教势力和部落势力都接受了王权政治的统治，但殖民者被赶走后，阿曼国内逐渐稳定，经济发展，社会财富开始积累，神权政治与部落政治寻找机会扩大影响，反对王权政治的世袭统治。王朝统治者更替时期，就是宗教力量与部落力量夺取权力的最佳时机。

海上贸易的发展和社会财富的积累为王权政治提供了经济基础。在葡萄牙殖民者撤出阿曼后，亚里巴王朝的君主大力发展海上贸易，重新控制了波斯湾到印度洋及非洲东部海岸地区的贸易通道，积累了大量的财富，宗教势力和部落势力也通过海上贸易的发展得到经济利益，缓和了与王权之间的矛盾。

苏尔坦·本·赛义夫·亚里巴一世将在马斯喀特缴获的葡萄牙舰船编入阿曼海军，同时伊玛目下令新建舰船，扩大了阿曼海军规模，阿曼海军实力大大提升。当时阿曼海军中汇集了来自欧洲和印度的水手，阿曼海军无论从装备数量还是人员配备来看，都是西印度洋上的霸主，虽然葡萄牙舰队仍时常袭扰阿曼海岸，但已经不能对阿曼构成威胁。阿曼人和葡萄牙人的海上战争一直持续到17世纪末。[②] 伊玛目苏尔坦加强阿曼海军力量建设，为其推行海上扩张政策奠定了基础。伊玛目苏尔坦将印度和非洲东部海岸作为目标开始了海上扩疆运动，其继任者比尔阿鲁布·本·苏尔坦（بلعرب بن سلطان اليعربي，1679—1692年在位）和赛义夫·本·苏尔坦（سيف بن سلطان اليعربي，1692—1711年在位）继承了伊玛目苏尔坦的扩张政策，继续扩大阿曼的海疆范围。

亚里巴王朝的海军向印度和非洲进军，孟买、苏拉特在阿曼舰队的进

① 黄培昭、苏丽雅：《当代阿曼苏丹国社会与文化》，上海外教育出版社2003年版，第32页。

② 黄培昭、苏丽雅：《当代阿曼苏丹国社会与文化》，上海外教育出版社2003年版，第32页。

攻之下纷纷投降。1655 年，在被封锁五年后，蒙巴萨也一度被亚里巴王朝海军占领。在 17 世纪末期，阿曼苏丹应各城邦邀请，出兵驱逐葡萄牙人，从而控制了德尔加多角以北沿海地带。[①] 亚里巴王朝已经扩张到非洲东部，包括彭巴岛、桑给巴尔岛和基尔瓦岛都在阿曼的控制之下。亚里巴王朝海军不仅扩大了阿曼的海疆范围，还控制了波斯湾通往印度洋的海上贸易通道，往来于印度洋的其他欧洲舰队都曾遭受亚里巴王朝海军的“劫掠”，英国、法国、荷兰的商船在印度洋和波斯湾也曾遭受攻击。波斯商人的利益受亚里巴王朝海军影响最大，萨法维王朝向欧洲人求援以对抗亚里巴王朝海军的威胁。

亚里巴王朝初期，控制了从波斯湾通往西印度洋和非洲东部海岸的贸易通道，以保护商船免受海盗侵扰的名义向途经波斯湾的各国商船收税。非洲东部的奴隶、金子、象牙、兽皮、木材，也门的咖啡，印度的纺织品、各类香料、大米，波斯湾地区的珍珠、铜器，阿曼的椰枣、水果、各种鱼类、马匹等货物都要经过马斯喀特港转运至各地，阿曼通过控制海上贸易聚集了大量的财富，海上帝国进入“黄金时代”。

二、王权与神权的分离

海上帝国带来的巨大财富暂时缓和了王权与神权和族权之间的矛盾，但在王权更迭时部落势力和宗教势力都会扶植自己的代理人参与王权争夺，导致王权更迭时阿曼国内发生周期性的动荡。

在亚里巴王朝时期，神权政治与部落政治对王权的争夺在赛义夫·本·苏尔坦二世去世后达到高潮。1718 年，苏尔坦二世去世后，部落首领和欧莱玛之间在选举继任者的问题上出现巨大的分歧，无法达成一致。许多部落坚持效忠苏尔坦二世的儿子赛义夫二世，有资料估计当时赛义夫二

① 王绳祖主编：《国际关系史第二卷：1814—1871》，世界知识出版社 1995 年版，第 279 页。

世年龄还不到 12 岁。[①] 部落首领与欧莱玛之间的分歧导致亚里巴王朝分裂，在五年内举行了六次选举，赛义夫二世赢得其中的三次选举。[②] 1723 年，来自尼扎尔（نزار）部落联盟的穆罕默德·本·纳西尔·噶菲力（محمد بن ناصر الغافري）支持赛义夫二世，来自也门的希纳威（الحناوي）部落泰米姆哈里夫·本·穆巴拉克（خلف بن مبارك）领导另一支反对力量。在部落力量的参与下，亚里巴王朝的分裂冲突激化，演化为全面内战。阿曼内战导致的部落两大派系对立对阿曼社会产生了深远的影响，直到今天部落之间的矛盾尚未弥合。次年，穆罕默德·本·纳西尔被选为伊玛目并控制了阿曼的内陆地区，哈里夫·本·穆巴拉克（خلف بن مبارك）以马斯喀特为中心在沿海地区建立政权。1728 年，穆罕默德和哈里夫两人在苏哈尔附近交战时双双身亡。而此时赛义夫二世已经成年，再次被选举为伊玛目。

赛义德王朝的开创者赛义德·本·艾哈迈德（سعيد بن أحمد）于 1783 年去世，在确定接班人的问题上，赛义德家族内部分裂，欧莱玛和部落集团再次展开争夺，最终导致王权政治与神权政治分离，产生阿曼教长国与马斯喀特苏丹国并立的局面，神权政治仍以伊玛目为统治核心，王权政治建立了以“赛义德”为尊号的家族世袭制。

赛义德·本·艾哈迈德在位时将其子哈马德·本·赛义德（حمد بن سعيد）推选为伊玛目，遭到艾哈迈德的另一个儿子苏尔坦的极力反对，欧莱玛和部落首领集团也反对艾哈迈德推选哈马德为伊玛目。在赛义德·本·艾哈迈德去世后，赛义德家族陷入内部争斗，盖斯·本·艾哈迈德（قيس بن أحمد）控制了苏哈尔。哈马德击败了他的两个叔叔赛义夫和苏尔坦，又平定了在焦夫（الجوف）的部落叛乱，在马斯喀特宣布建立苏丹国，哈马德不承认伊玛目的政治统治权威，认为伊玛目是宗教精神领袖的头衔，而他的父亲赛义德·本·艾哈迈德则是拥有这一头衔的统治者。

---

① د. محمد بن حمد الشعيلي،"تاريخيات : ماذا حدث في أواخر دولة اليعاربة ؟؟"، Jul. 5，2017，http：//alwatan. com/details/203003.（上网时间：2020 年 10 月 11 日）

② Allen，Calvin H.，“Oman：the modernization of the sultanate”，Westview Press，1987，p. 38.

三、传统政治危机的陷阱

“赛义德”尊号在统治家族内部传承标志着王权与神权的分离，加上部落政治中的族权，王权、神权、族权构成阿曼传统政治中权力争夺的三角关系，三者之间的矛盾造成阿曼国内长期动荡、政治碎片化发展的趋势。政治碎片化造成的权力分散加剧了三股政治势力相互竞争，更难以形成有力的中央集权整合三股政治势力。这一恶性循环构成阿曼传统政治危机的陷阱，王权、神权、族权轮番上台，带来阿曼内战频发且久战不决的后果。三股政治势力的相互争夺在1856—1898年的阿曼内乱时期达到白热化的地步。1856年苏尔坦苏丹去世、1888年图尔基苏丹去世都引发阿曼国内大规模的动荡。这一时期，赛义德王朝统治家族内部分裂，部落势力和宗教势力在阿曼内陆建立割据政权，赛义德家族内部争夺王权也需要依靠部落势力和宗教势力的支持。甚至在1868—1871年，伊玛目阿赞·本·盖斯（عزان بن قيس）在马斯喀特重建伊玛目国。

1856年，赛义德·本·苏尔坦（سيد سعيد بن سلطان）去世，赛义德王朝再次陷入权力纷争，统治家族成员各自为政，王权政治朝着碎片化方向发展。赛义德之子萨维尼·本·赛义德·苏尔坦（ثويني بن سعيد بن سلطان）仅控制马斯喀特，盖斯·本·阿赞（قيس بن عزان）控制着鲁斯塔克，图尔基·本·赛义德（تركي بن سعيد）控制着苏哈尔，马吉德·本·赛义德（ماجد بن سعيد）占据着桑给巴尔，阿曼其他地区大都掌控在各部落手中。阿曼与桑给巴尔各方面的意图和目标都不相同，桑给巴尔政府努力去控制现代肯尼亚和坦桑尼亚海岸的整个东非贸易网络，成为东非贸易的支配力量，直到19世纪80年代欧洲对非洲的瓜分摧毁了桑给巴尔的主权。① 为了明确阿曼与桑给巴尔的关系，萨维尼与马吉德协商，要求桑给巴尔向马斯喀特交纳岁贡，

① ［英］雷德著，王毅、王梦译：《现代非洲史（第二版）》，上海人民出版社2014年版，第52页。

换取萨维尼承认马吉德在桑给巴尔的独立地位。而马吉德拒绝交纳岁贡，1861年4月在英国人的胁迫下，萨维尼不得不承认桑给巴尔苏丹国的独立地位，桑给巴尔正式从马斯喀特苏丹国分离。①

在桑给巴尔独立后，萨维尼着手统一阿曼，1861年攻占苏哈尔囚禁图尔基。萨维尼向沙特盟友求助，击败了盖斯在鲁斯塔克的武装。沙特军队攻克鲁斯塔克后，向贾兰（جعلان）进军，在1865年与布·阿里家族联合占领了苏尔（صور）。萨维尼得到部落首领萨利赫·本·阿里（صالح بن علي）领导的希纳威部落的支持，于1866年在苏哈尔集结联军攻打沙特军队的大本营——布赖米（البريمي）。萨维尼掌控阿曼后，其子萨利姆·本·萨维尼（سالم بن ثواني）与瓦哈比教派联合阻止苏丹进攻沙特。萨维尼苏丹之子萨利姆·本·萨维尼称其父突发高烧病逝，并立即埋葬了苏丹的遗体，而老苏丹的仆人称是萨利姆在夜间闯入老苏丹房间将其枪杀。②

在伊巴迪教派领袖赛义德·本·哈勒法·哈利利（سعيد بن خلفان الخليلي）和部落首领萨利赫·本·阿里的支持下，萨利姆·本·萨维尼继任马斯喀特苏丹国的苏丹。由于萨利姆暗杀了自己的父亲，他上台后遭到赛义德家族的反对，萨利姆的叔父图尔基·本·赛义德不承认苏丹的地位。随后图尔基被捕，在英国人的一再施压之下，萨利姆才释放了图尔基。萨利姆登基后野心不断膨胀，在萨利赫·本·阿里访问马斯喀特期间，萨利姆将其囚禁，企图控制部落势力。但萨利赫逃出马斯喀特后，返回阿曼东部沿海地区调集部落武装准备进攻马斯喀特，伊巴迪教派领袖赛义德·本·哈勒法·哈利利和鲁斯塔克总督阿赞·本·盖斯也参与到进攻萨利姆的行动中。1868年9月，阿赞·本·盖斯带领军队从腹地地区出发，与从东部沿海地区出发的萨利赫部落武装在马斯喀特城外汇合，要求萨利姆忏悔所犯罪行并接受欧莱玛的指导。萨利姆向英国人和噶菲力部落求援，但遭到拒

① “Barghash sultan of Zanzibar”，https：//www. britannica. com/biography/Barghash.（上网时间：2019年10月1日）

② “Assassination and intrigue muscat”，https：//www. qdl. qa/en/assassination – and – intrigue – muscat – 1866% E2% 80% 9368.（上网时间：2019年10月3日）

绝。同年 10 月，马斯喀特城被联军攻下，萨利姆撤到城外的要塞向印度求援，但印度拒绝派出舰队支援萨利姆。萨利姆于 10 月 12 日离开阿曼。

1888 年，图尔基·本·赛义德（تركي بن سعيد）苏丹去世，其子费萨尔·本·图尔基（فيصل بن تركي）接任苏丹。虽然费萨尔继任苏丹实现了权力的和平交接，没有引发家族内部权力纷争，但费萨尔面临的政治危机远比图尔基时期更为严峻。费萨尔首先向萨利赫·本·阿里领导的部落保守势力寻求支持，他给了萨利赫一笔巨款，用以换取部落力量对苏丹的效忠，至少在发生武装冲突时部落武装能够保持中立，不攻打苏丹国。在稳住部落武装后，费萨尔对鲁斯塔克用兵准备铲除伊巴迪教派领袖易卜拉欣·本·盖斯·艾布·赛义德（إبراهيم بن قيس أبو سعيد）的武装力量。然而，费萨尔的进攻不但没有消灭易卜拉欣的武装力量，反而激起腹地地区的部落叛乱。费萨尔政权遭受多支反对武装的打击，并陷入资金短缺的困境。费萨尔继任苏丹后在政治上和军事上接连失利，给了赛义德家族内其他反对力量可乘之机，阿卜杜·阿齐兹·本·赛义德（عبد عزيز بن سعيد）和萨乌德·本·阿赞·本·盖斯·艾布·赛义德（سعود بن عزان بن قيس أبو سعيد）结成联盟要推翻费萨尔政权。费萨尔的军队用了一年时间才将周边反对派武装镇压下去。

1894 年，费萨尔密谋除掉希纳威部落首领萨利赫·本·阿里，但计划泄漏，萨利赫在桑给巴尔苏丹的帮助下集结部落精锐武装攻打马斯喀特。1895 年 2 月，萨利赫攻下马斯喀特港，费萨尔撤到附近军事要塞。费萨尔花重金买通噶菲力部落集团，噶菲力集团出兵将萨利赫的军队包围马斯喀特。同年 3 月，费萨尔向萨利赫支付一笔巨额赔款后，萨利赫同意从马斯喀特撤军。

造成传统政治危机的根本原因是王权世袭制与选举制之间的矛盾无法调和。在神权政治出现前，部落治理是阿曼社会的主要治理形式，作为部落首领的谢赫由部落成员推举产生，部落联盟的首领——泰米姆也由各部落协商推举产生。伊巴迪教派传入阿曼后，出现了神权政体，作为领导核心的伊玛目也是由欧莱玛选举产生。在部落政治和神权政治中，领导核心的产生方式都是选举制。而王权政治的核心是权力在统治家族内部的世袭制。王权主张的世袭制与神权和族权主张的选举制之间存在结构性矛盾，在三者之间权力没有制度性安排的前提下，这一矛盾无法调和。在亚里巴王朝和赛义德王朝，王权、神权、族权三者之间的权力争夺构成阿曼传统政治危机的主要内容。

阿曼的传统政治危机有其特殊的历史根源，部落政治是阿曼政治发展的原初形态，神权政治和王权政治都是在特定历史阶段下出现的产物，神权政治的出现使阿曼获得传统国家形态，王权政治的出现使阿曼建成中央集权的治理体系，使阿曼一跃成为西亚地区的海上帝国。但三者之间的结构性矛盾始终存在，三种政治形式的竞争使阿曼陷入传统政治危机的陷阱，也成为阿曼由传统国家向现代国家转型必须破解的一大难题。

综上所述，部落政治、神权政治和王权政治是阿曼历史上形成的三种政治形式，以伊玛目选举制为核心的神权政治体系整合了阿曼的各部落力量，构成阿曼传统国家形态——伊玛目国，而宗教势力与部落势力争夺权力的斗争成为伊玛目国动荡及灭亡的主要原因。16 世纪初葡萄牙殖民者入侵阿曼，阿曼国内的主要矛盾变为阿曼人与葡萄牙殖民者之间的矛盾，驱赶葡萄牙殖民者是各方政治势力的主要目标，同时也唤醒了阿曼人的民族独立意识。在反抗葡萄牙人殖民统治的过程中，宗教势力与部落势力团结起来，并形成三权合一的王权政治。王权政治的出现改变了阿曼的国家面貌，不仅驱赶了葡萄牙殖民者，还通过发展海上贸易扩大势力范围，阿曼一跃成为西亚地区的“海上帝国”，管辖权延伸到桑给巴尔岛和非洲东部海岸。而王权政治没有从根本上解决部落政治与神权政治之间的矛盾，王权、神权和族权之间的相互竞争导致阿曼陷入长期动荡的恶性循环，统治家族内部的争夺加剧了王权政治破碎化，给宗教势力与部落势力参与权力争夺提供了机会，构成阿曼传统政治危机。

第三章　阿曼的政治转型（下）

第一节　阿曼传统政治向现代政治的转型

1970 年 7 月 23 日，卡布斯接替其父泰穆尔担任苏丹，正式开启了阿曼国家转型进程。卡布斯苏丹上台执政之初就开始了政治领域的改革，废除了泰穆尔苏丹制定的封闭政策，积极推动新型政府建设，团结各方政治势力，维护国家统一。

一、政治体制的全面改革

在卡布斯苏丹上台之初，英国官员和顾问占据了阿曼政府所有的重要职务。卡布斯在推动政治改革方面面临诸多困难：一是维护 18 世纪以来赛义德家族统治阿曼的合法性；二是摆脱英国官员和顾问对阿曼的控制；三是应对佐法尔地区的武装叛乱，维护阿曼统一。

为了应对政治危机和社会危机，卡布斯以建立现代政府为主要路径推动了阿曼的政治转型，以建立现代民族国家为核心，同时顾及当时阿曼国内的三方政治势力——泰穆尔时期的官僚、部落谢赫以及英国官员和顾问。卡布斯在继任苏丹的半个月内，接连发表讲话，主要采取了以下措施，争取各方支持推动政治体系改革：

第一，彻底废除了泰穆尔苏丹实行的封闭政策，号召全体阿曼人建设国家，欢迎在海外的阿曼人回国参与国家建设。1970 年 7 月 23 日，卡布斯苏丹登基后发表的首次讲话中，明确了阿曼社会改革的方向。

> “我向你们保证，我要求自己做的第一件事就是尽快建立现代政府，首要目标就是废除强加在你们身上不必要的政令……我要尽快让你们过上幸福的生活，都有美好的未来，你们每个人都应该帮助我实现这一目标。我们国家有着强盛繁荣的过去，如果我们团结起来共同努力就能复兴我们的国家，让阿曼在阿拉伯世界中占有一席之地。我将采取法律的手段获取其他友好国家的承认，我希望获得周边国家的及时支持并进行友好合作，在地区事务上长期坚持友好共同协商的原则。
>
> ……
>
> 我和新政府将实现我们的总目标。阿曼的昨天是黑暗的，但在真主的帮助下阿曼和阿曼人民将迎来黎明。”①

在 1970 年 8 月 9 日的讲话中，卡布斯宣布“取消所有国内旅行和出国限制”。②

第二，更改国名为阿曼苏丹国。新的国名突出阿曼民族国家和苏丹政体的特征，在名称上的统一也标志着其结束了内陆和沿海、南方和北方之间对立的政治格局，避免历史上伊玛目国和马斯喀特苏丹国之间对立带来的隔阂，以新的民族国家形式团结全体阿曼人。1970 年 8 月 9 日，卡布斯

① وزارة الإعلام،"كلمات وخطاب حضرة صاحب الجلالة السلطان قابوس بن سعيد المعظم،خطاب صاحب الجلالة بمناسبة العيد الوطني العاشر المجيد"،ص7.

② وزارة الإعلام،"كلمات وخطاب حضرة صاحب الجلالة السلطان قابوس بن سعيد المعظم،خطاب صاحب الجلالة بمناسبة العيد الوطني العاشر المجيد"،ص15-18.

在讲话中提出国家转型战略——阿曼苏丹国的计划。

> “更改国家名称为阿曼苏丹国，我们相信更改国名将迎来新的辉煌时代，也标志着我们的信心。我们的国民在前进的道路上团结一致，不论来自内陆还是沿海，北方还是南方。设计新国旗，显示统一国家的信心。”①

第三，建立新型政府组建内阁提供公共服务。卡布斯强调无论国内还是国外的阿曼人都可以进入新政府任职，改变了王权政治和部落政治中的权力分配体系，在更大的范围内发动阿曼人参与国家政治活动。1970 年 7 月 27 日，卡布斯从萨拉莱返回首都马斯喀特发表的第一次讲话中再次号召阿曼民众共同建设阿曼。

> “我们希望每个人恪尽职守帮助我们共同建设国家，让阿曼有一个繁荣、幸福、富裕的未来。众所周知，没有政府与人民之间的合作，我们无法尽快使我们的国家摆脱长期落后的困境。”②

1970 年 8 月 9 日，卡布斯发表讲话提出新政府内的职务将由阿曼人担任。

> “我们已经命令首相立即行动组建政府，政府内的职务将由阿曼公民担任，国内外的阿曼公民都可以进入政府任职。教育是培育管理人才和技术人才的基础，而我们的国家在很长时间内停办了教育。应该尽快兴办教育、教化民众，在未来实现阿曼人管理阿曼的愿景，其

---

① وزارة الإعلام،"كلمات وخطاب حضرة صاحب الجلالة السلطان قابوس بن سعيد المعظم،خطاب صاحب الجلالة بمناسبة العيد الوطني العاشر المجيد"،ص15-18.

② وزارة الإعلام،"كلمات وخطاب حضرة صاحب الجلالة السلطان قابوس بن سعيد المعظم،خطاب صاحب الجلالة بمناسبة العيد الوطني العاشر المجيد"،ص11.

重要性不言自明。

……

我们想到那些因为生活条件艰苦被迫离开阿曼的兄弟，号召他们尽快回国建设国家。”①

第四，留用了泰穆尔苏丹时期的官僚，保障了官僚体系的稳定，巩固了卡布斯苏丹的政治权威。卡布斯在 1970 年 8 月 9 日的讲话中表明了对泰穆尔时期官僚的态度。

“那些过去忠于我父亲的人，我要对他们说真主已经原谅了过去，要放心也要有耐心。”②

第五，聘用外籍技术人员充实政府管理机构。为泰穆尔时期在阿曼的英国官员和顾问提供了去向，但要求外籍雇员对阿曼苏丹国效忠，外籍雇员特别是英国官员和顾问的权力角色发生了改变，由管理者变为服务者。卡布斯在 1970 年 8 月 9 日讲话中指出：

“我们应该尽快聘用外籍雇员来填补在政府管理机构中的人才缺口，这些外籍雇员应该具备履职的才能和对阿曼的忠诚。聘用外籍雇员培训阿曼人，为阿曼人将来承担管理职能做好准备。”③

第六，将部落谢赫纳入新政府管理体系中。承认谢赫对部落的领导权，由国家向谢赫发放工资，将以谢赫为核心的部落管理纳入政府管理体

---

① وزارة الإعلام،"كلمات وخطاب حضرة صاحب الجلالة السلطان قابوس بن سعيد المعظم،خطاب صاحب الجلالة بمناسبة العيد الوطني العاشر المجيد"،ص15-18.

② وزارة الإعلام،"كلمات وخطاب حضرة صاحب الجلالة السلطان قابوس بن سعيد المعظم،خطاب صاحب الجلالة بمناسبة العيد الوطني العاشر المجيد"،ص15-18.

③ وزارة الإعلام،"كلمات وخطاب حضرة صاحب الجلالة السلطان قابوس بن سعيد المعظم،خطاب صاحب الجلالة بمناسبة العيد الوطني العاشر المجيد"،ص15-18.

系，对部落政治进行改造，使其逐步融入新型政府管理体系中。卡布斯在1970年8月9日讲话中也提到部落谢赫的重要性。

> “我们完全尊重国内各部落谢赫权力，赞赏谢赫们在管理部落事务、保护部落安全、规范部落行为的努力。我们希望能给谢赫支付工资，因为他们履行管理职能。我已经命令政府马上研究此事。”①

卡布斯苏丹将新型政府建设作为政治转型改革的主要路径，新型政府成为国家治理的主体，在改革初期将部落势力和宗教势力纳入新型政府体系，避免了传统政治危机中三种权力的相互竞争，最大限度地保障了阿曼的政治稳定，为新型政治体制建设打下了基础。

二、消除改革方向分歧培育新生政治势力

卡布斯苏丹上台执政启动政治转型改革之初，对于政治改革的方向并不是很明确，虽然提出建设现代新型政府的改革目标，但在改革路径上仍存在不同意见。为了顺利推动政治改革，卡布斯苏丹邀请其叔父赛义德·塔立克（سعيد طارق）从迪拜返回马斯喀特，并于1970年8月9日在面向全国的讲话中任命赛义德·塔里克为内阁首相，负责组建新型政府。② 赛义德·塔里克1962年被泰穆尔苏丹驱逐出阿曼，海外流亡八年的经历对塔里克产生很大影响。在阿曼政治改革的进程中，塔里克主张君主立宪制的改革方向，通过制定宪法限制苏丹王权。塔里克的政治主张与他本人被驱逐流放的经历密切相关，正是泰穆尔苏丹的绝对权力，造成阿曼封闭落后的政治危机和社会危机。

① وزارة الإعلام،"كلمات وخطاب حضرة صاحب الجلالة السلطان قابوس بن سعيد المعظم،خطاب صاحب الجلالة بمناسبة العيد الوطني العاشر المجيد"،ص15-18.

② وزارة الإعلام،"كلمات وخطاب حضرة صاحب الجلالة السلطان قابوس بن سعيد المعظم،خطاب صاحب الجلالة بمناسبة العيد الوطني العاشر المجيد"،ص15-18.

卡布斯苏丹在政治改革方向上却有不同的想法，即维护赛义德家族和苏丹权力的权威，在王权集中的前提下推动政治改革，将君主权力与国家主权结合起来形成一种新形式的王权政治。在政治改革初期，由于没有制定宪法，苏丹和内阁首相的权责划分没有明确，政府内部出现权力分散的局面。塔里克在担任内阁首相后，先后任命了卫生部长、教育部长、内政部长、司法部长、信息部长、社会服务和劳动部长以及经济部长。卡布斯苏丹掌控了财政、外交和国防部门的权力。塔里克组建的内阁虽然形成新型政府的雏形，但很多内阁部长都是泰穆尔苏丹时期部长会议的成员。建立于1920年的阿曼部长会议原本是英国人架空苏丹权力的咨询机构，其中的部长成员也都是泰穆尔苏丹时期的王权官僚，缺少在新型政府中履职的能力。为了巩固自身权力，卡布斯苏丹成立了皇家办公厅和内廷（الديوان）两个机构，这两个机构由苏丹直接领导，机构成员都是卡布斯苏丹最信任、最可靠的政治盟友，包括武装力量领导人赛义德·赛利姆（سيد سليم）、情报机构负责人蒂姆·兰登（Tim Landon）。赛义德·哈马德·本·哈姆德·艾布·赛伊迪（سيد حماد بن حمود أبو سعيدي）担任内廷大臣，赛义德·哈马德是前任泰穆尔苏丹的秘书，在泰穆尔下台后立即向卡布斯苏丹效忠并得到卡布斯的充分信任。皇家办公厅和内廷两个机构不属于现代政府体系，并向苏丹直接负责，充分说明苏丹与内阁首相之间在政治改革方向的分歧以及两者间的权力争夺。

由于卡布斯苏丹与内阁首相塔里克之间对政治改革存在根本性分歧，塔里克于1971年12月辞去内阁首相职务。[①] 塔里克在任期内没有完成组建新型政府的任务，无法推动卡布斯苏丹提出的社会经济改革。但塔里克对阿曼政治转型还是发挥了积极的作用：一方面，塔里克采取积极接触的外交政策，推动阿曼加入阿拉伯国家联盟和联合国两个重要的国际组织，创造了有利于阿曼发展的良好国际环境；另一方面，塔里克作为被驱逐的王室成员回国担任内阁首相职务，是卡布斯苏丹向在海外的持不同政见者

① Jeremy Jones，“A history of modern Oman”，Cambridge University Press，2015，p. 168.

和政治反对派释放友好信号。塔里克回国是阿曼国内政治环境变化的重要标志，鼓励那些因政见不同流亡海外的人才回国参与国家建设。前佐法尔解放阵线领导优素福·阿拉维（يوسف العلاوى）回国出任部长，卡布斯苏丹邀请前任伊玛目盖里布·本·阿里（غالب بن علي）回国担任穆夫提职务，但被盖里布拒绝。[①]

在从海外回国参加国家建设的阿曼人中，从桑给巴尔回国的阿曼人成为卡布斯苏丹建设新型政府的重要人才资源，成为新型政治势力。1964年桑给巴尔爆发“一月革命”，非洲—设拉子党与乌玛党（UMMA）建立桑给巴尔和奔巴人民共和国，成立桑给巴尔革命政府，粉碎了阿拉伯人的权力基础。[②] 由阿曼迁居桑给巴尔的阿拉伯人被迫离开桑给巴尔到迪拜、科威特甚至开罗定居。1970年，卡布斯苏丹上台号召海外阿曼人回国参与建设，给从桑给巴尔流亡至其他国家的阿曼人带来了希望，他们其中很多人选择返回阿曼苏丹国。这些从桑给巴尔流亡的阿曼人都接受了良好的教育，具备技术或管理技能，他们虽然不能讲流利的阿拉伯语（母语为斯瓦西里语），但是能够使用英语与英国人和印度人沟通。这些从桑给巴尔回国的阿曼人与阿曼国内的部落势力、宗教势力没有瓜葛，政治上较为可靠。卡布斯苏丹新政府中的诸多要害部门都任用桑给巴尔回国人员。

三、佐法尔战争加速政治转型

1968年佐法尔地区左翼运动——解放阿拉伯湾被占领土人民阵线发动武装抗争，推翻阿曼赛义德王朝统治，占领了佐法尔地区包括萨拉莱在内的主要城市，依靠来自也门边境的物资和人员补给，左翼组织在佐法尔地区逐渐壮大。1968年后，人民阵线提出更为明确的反帝国主义目标，以佐法尔为中心，将海湾地区从英国和海湾君主手中解放出来。人民阵线领导

---

① Jeremy Jones，“A history of modern Oman”，Cambridge University Press，2015，p. 170.

② 李湘云：《当代坦桑尼亚国家发展进程》，浙江人民出版社2014年版，第165页。

层加强了武装抗争，使佐法尔的武装斗争成为冷战政治的一部分，并有可能进一步威胁西方在海湾地区的利益。①

佐法尔战争的性质与以往阿曼内战性质完全不同，它是苏联势力向阿拉伯半岛延伸的产物，构成冷战的一部分。佐法尔战争的成败决定了阿曼政治转型的根本方向：如果卡布斯苏丹获得胜利，将继续实行以苏丹为核心的政治改革。卡布斯苏丹敏锐地认识到佐法尔战争的性质，将其作为国内政治和国际政治的重要筹码，采取了多项措施，争取到英国和海湾其他国家的支持，最终获得佐法尔战争的胜利。

第一，卡布斯苏丹多次发表讲话，强调统一佐法尔地区的重要性。1971 年 7 月 23 日，卡布斯强调佐法尔地区不可从阿曼分割出去。

> “按照伊斯兰教教义的指引，在阿曼社会传统的基础之上，从阿曼现实和阿拉伯国家现实出发，我们努力建设公平公正的民主政治。我们再次强调佐法尔不能从阿曼苏丹国分割出去，马斯喀特同样不能从阿曼苏丹国中分离出去。所有人都应该知道，我们尽心竭力在恢复佐法尔地区的安全，让佐法尔地区的人民与阿曼其他地区人民一样过上美好的生活。”②

第二，佐法尔战争威胁到阿曼的统一和安全，人民阵线的武装抗争也对阿拉伯半岛产生广泛的影响。1972 年 11 月 18 日，在第二个国庆节讲话中，卡布斯暗示了佐法尔地区叛乱引发的持续动荡如果不加以控制，不仅影响到阿曼的复兴，还将波及整个阿拉伯半岛。

第三，针对人民阵线反对伊斯兰教的立场，卡布斯苏丹提出保护南部山区居民，争取佐法尔地区民众支持。1974 年 11 月 18 日，在阿曼第四个

---

① Kaiksow, Sarah A.，“Subjectivity and Imperial Masculinity A British Soldier in Dhofar (1968 - 1970)”，Journal of Middle East Women's Studies，Vol. 4，No. 2，2008，p. 66.

② الدكتور مسعود ضاهر،"الاستمرارية والتغيير في تجربة التحديث العمانية"،دار الفارابي: بيروت – لبنان،الطبعة الأولى،عام 2008،ص92.

国庆节的讲话中，卡布斯苏丹提出保护佐法尔地区民众免受武装袭扰。

第四，采取灵活政策争取英国和周边国家对佐法尔战争的支持。卡布斯苏丹在上台执政之初提出政府机构内的职务应该由阿曼人担任，但在佐法尔战争期间，为了争取英国的全面支持，他在苏丹军队和情报部门的人员使用上采取灵活的政策，任用了英国军官并为情报活动提供便利。卡布斯苏丹维护英国在海湾地区利益的做法，获得英国政府的军事支持。1970—1975 年，英国向阿曼提供了贷款、军事人员和军事物资的支持，并派出 22 特种空勤团协助苏丹军队与佐法尔地方武装作战。[①] 1973 年 5 月，卡布斯苏丹才兼任国防部长，而此前国防部长一职由英国军官帕特·沃特菲尔德准将（Pat Waterfield）和休·奥尔德曼上校（Hugh Oldman）担任。英国军事情报官在阿曼建立了阿曼情报局（Omani Intelligence Service），负责收集处理佐法尔地区的军事情报，1974 年后改称阿曼研究部（the Oman Research Department）。[②] 同时，阿曼也从海湾地区其他国家获得大量的军事和资金资助，1973 年 12 月伊朗派出特遣队[③]赴阿曼参加佐法尔战斗。[④] 1975 年 12 月，在伊朗军队的支持下，卡布斯苏丹武装部队获得佐法尔战争的胜利，人民阵线撤出佐法尔返回南也门。[⑤]

卡布斯苏丹赢得佐法尔战争加速了阿曼政治转型改革：第一，加强佐法尔地区和阿曼内陆地区民众对苏丹国的认同感和归属感，巩固了阿曼苏丹国作为统一民族国家的基础；第二，确立了卡布斯苏丹领导核心的地

---

① Hughes, Geraint, "A Proxy War in Arabia: The Dhofar Insurgency and Cross - Border Raids into South Yemen", Middle East Journal, Vol. 69, No. 1, 2015, p. 93.

② Hughes, Geraint, "A Proxy War in Arabia: The Dhofar Insurgency and Cross - Border Raids into South Yemen", Middle East Journal, Vol. 69, No. 1, 2015, p. 94.

③ 伊朗派出的部队名称为 the Imperial Iranian Task Force，引自 Hughes, Geraint, " 'Amateurs Who Play in League Division One'? Anglo - Iranian Military Relations During the Dhofar War in Oman", British Journal for Military History, Vol. 4, No. 1, 2017.

④ Hughes, Geraint, "A Proxy War in Arabia: The Dhofar Insurgency and Cross - Border Raids into South Yemen", Middle East Journal, Vol. 69, No. 1, 2015, p. 93.

⑤ Hughes, Geraint, "A Proxy War in Arabia: The Dhofar Insurgency and Cross - Border Raids into South Yemen", Middle East Journal, Vol. 69, No. 1, 2015, p. 101.

位，佐法尔战争的胜利打消了国内民众对卡布斯苏丹执政能力的质疑，使卡布斯苏丹成为阿曼的政治领导核心；第三，增强了阿曼国内对苏丹制政治改革政策的信心，佐法尔战争的胜利确立了苏丹制政治改革的道路，其他各种左翼政治学说在阿曼的影响力大大减弱。

第二节　阿曼现代政治体制形成

佐法尔战争的胜利维护了阿曼的统一和完整，同时极大地提升了卡布斯苏丹在阿曼人民心中的威望，进一步巩固了执政以来采取政治改革措施取得的成效。卡布斯苏丹在上台执政之初提出建设现代政府，向阿曼民众提供医疗、教育、司法等基本公共服务和社会保障，但对政府机构的设置和架构仍由苏丹一人决定，实质上是以王权主导的政府机构的建立和政府职能的完善。经过 20 多年的实践，王权主导下的新型政府机构基本建成。佐法尔战争结束后，阿曼内阁在人员和行政体制方面已经稳定，这一状态一直延续到 1996 年。① 1996 年卡布斯颁布《国家基本法》，将阿曼政治转型取得成效制度化，逐步完善了阿曼的政治体制，开启了政治转型改革的第二阶段。

一、政治改革制度化起因

以新型政府建设为核心的政治转型改革取得成效，但阿曼政治改革主要由苏丹政令实现，缺乏制度性的保障。阿曼政治转型改革给予阿曼民众更多的政治权利，但仍存在以苏丹集权为由反对政治改革的声音。国家转型中出现新的社会阶层，新兴阶层有更高的政治诉求，但尚未形成政治反

① 钟志成：《中东国家通史（海湾五国卷）》，商务印书馆 2007 年版，第 367 页。

对派。1994 年发生的“地下组织事件”和 1995 年发生的“袭击事件”使卡布斯苏丹意识到阿曼经历了 20 多年的转型发展，已经出现社会分化问题，表现出对政府在宗教事务、外交政策、政治参与等方面的不满。将政治改革制度化、法制化是保证政治改革方向，化解潜在改革风险的有效途径。卡布斯苏丹从法制建设入手，明确国家权力体系和治理体系，保障公民权利扩大政治参与，将阿曼 20 多年政治改革取得的成效制度化，通过立法方式保障政治改革方向，防止政治转型进程中出现反复和倒退。

1994 年 5 月，阿曼警察破获一个地下组织，该组织的 200 余名成员[①]被警方逮捕审讯。[②] 被捕人员职业构成比较复杂，其中包括商人、政府官员、医生、教师、法官、工程师和清真寺的伊玛目。该地下组织人员的职业构成、地域构成和教派构成说明阿曼社会中存在一个很广泛的社会分层未参与到政治转型进程中。这一社会分层的产生是阿曼国家转型的产物，政治经济领域内的改革促进传统社会向现代社会转型，产生了一批接受高等教育具备专业技能的人员，他们的社会地位和财富积累优于阿曼底层民众，但与阿曼的权贵阶层存在很大差距，被排除在政治经济改革决策之外。阿曼的权贵阶层包括王室成员、各地部落首领和传统商业家族，也是构成转型启动阶段国家权力结构中的重要组成部分。因此，新产生的社会阶层将权贵阶层视为斗争的目标，要求推翻苏丹政府转变改革方向。1995 年 9 月 11 日，卡布斯苏丹在萨拉莱地区进行年度巡访（جولة سنوية）[③]，其间车队遇袭，陪同卡布斯苏丹的外交国务大臣、财政经济事务副首相扎瓦维在袭击中身亡。

① 另有资料表明被捕成员的人数为 430 人，请见 Worrall J. Oman，“The ‘Forgotten’ Corner of the Arab Spring”，Middle East Policy，Vol. 19，No. 3，2012，pp. 98 – 115. 据阿曼媒体披露的消息，被捕人数为 200 余人，此处采用 Alhaj 文章中记载的被捕人数。

② Alhaj A J.，“The politics of participation in the Gulf Cooperation Conuncil States：the Omani consultive Council”，Middle East Journal，Vol. 50，No. 4，1996，pp. 566 – 567.

③ 国内学者将其称为“亲民之旅”，本书采用阿拉伯语原文直译的“年度巡访”提法。

二、《国家基本法》奠定现代王权宪政基础

1996 年 11 月 6 日卡布斯苏丹颁布 101/96 号皇家御令，制定《国家基本法》。[①] 2011 年 10 月，阿曼修订《国家基本法》。[②]

《国家基本法》发挥了宪法的作用，所有法令必须依照基本法的原则制定，不能与基本法相冲突。《国家基本法》共有七个部分，共 81 个条款，[③] 基本法明确了阿曼苏丹国的政体，规定了阿曼作为现代国家的基本组成部分，政府机构之间的组织架构关系，各级政府及其内设机构的职权范围；支持司法独立以及监督司法部门的运作；最大程度保护公民基本权利和基本自由。

《国家基本法》是阿曼传统政治向现代政治转型的重要标志，是王权政治向王权宪政的转变，奠定了现代王权宪政的基础，王权宪政在基本法中体现为三个方面：

第一，明确了苏丹作为君主统治的政治权力。基本法第 5 条规定阿曼苏丹国的国家体制是君主制世袭政体，王位由赛义德·图尔基·本·赛义德·本·苏尔坦的男性后代继承。该家族中所有阿曼穆斯林双亲的合法之子，成年之后贤明智慧、人格健全，均可继承王位掌管政权。[④] 基本法第 41 条规定：“苏丹陛下是政府首脑，拥有最高权力、至高权威，同时兼任武装部队最高指挥官。苏丹陛下的人身不容侵犯，对苏丹的敬重是强制性的，必须服从他的指令。他是全国团结的象征，是国家的守护神和保卫者。”[⑤] 基本法第 42 条规定了苏丹享有 14 项权力，其中最重要的包括主持内阁、主持专门委员会、任命和罢免副首相及各部大臣、任命和罢免各部

---

① وزارة الإعلام،"عمان"،2017م،ص75.

② 谢和平主编：《“一带一路”沿线国家纵览》，四川大学出版社 2016 年版，第 21 页。

③ وزارة الإعلام،"عمان"،2017م،ص76.

④ وزارة الإعلام،"عمان"،2017م،ص76.

⑤ وزارة الإعلام،"عمان"،2017م،ص77.

大臣及秘书长、任命和罢免高级法官、颁布和批准法律、根据法律条款签署国际条约等。

第二，规定了阿曼国家性质和政府组织结构。基本法第 1 条声明："阿曼苏丹国是一个独立的、主权完整的、信奉伊斯兰教的阿拉伯国家，它的首都在马斯喀特。"①第 2 条规定阿曼国的宗教信仰是伊斯兰教，伊斯兰教教义是阿曼的立法根本。② 基本法规定了政府的组织结构由国家元首、内阁及各专门委员会构成。内阁辅助苏丹制定国家重大方针政策，其职能是实施这些政策。内阁负责就政治、经济、社会等事务向苏丹提交建议，起草法令、皇家御令，制定发展计划提交苏丹批准，研究商讨向各部提交建议，监督政府部门履行职责。内阁下设总秘书处，协助履职。除内阁外，国防委员会、国家安全委员会、财政和能源委员会、阿曼中央银行理事会、最高司法委员会、最高规划委员会以及其他高级委员会、附属委员会都是阿曼政府的重要组成部分。

第三，保障阿曼公民的权利和自由。基本法第 9 条规定，阿曼国的统治是建立在公平、协商、平等的基础上，公民有权依法参与公共事务。③ 基本法第 17 条规定，所有公民在法律面前一律平等，并享有相同的权利和义务。④ 公民之间不得基于性别、出身、肤色、语言、宗教、宗派、住所或社会地位存在歧视。基本法第 18 条规定，依法保障人身自由。除依照法律规定外，不得逮捕、搜查、拘留、监禁、限制居住或迁徙自由。⑤

《国家基本法》在阿曼政治转型改革的进程中具有里程碑的意义，它以国家根本大法的形式规定了苏丹作为君主的政治地位、政府组织结构及

① وزارة الإعلام، "عمان"، 2017م، ص76.

② وزارة الإعلام، "عمان"، 2017م، ص76.

③ وزارة الإعلام، "عمان"، 2017م، ص76.

④ "SULTANATE OF OMAN THE BASIC STATUTE OF THE STATE", http://www.sustainableoman.com/wp-content/uploads/2016/06/BasicLaw.pdf.（上网时间：2019 年 10 月 11 日）

⑤ "SULTANATE OF OMAN THE BASIC STATUTE OF THE STATE", http://www.sustainableoman.com/wp-content/uploads/2016/06/BasicLaw.pdf.（上网时间：2019 年 10 月 11 日）

其相关机构的职权，保障了公民的基本权利。卡布斯苏丹执政26年后才制定《国家基本法》，是王权政治主导下的政治改革不断深化的过程，也是现代政府机构建设和治理能力不断提升的过程。卡布斯苏丹在上台时承诺建立新型政府，向阿曼民众提供公共管理和社会服务，只有提升新型政府治理能力，才能替代根深蒂固的部落政治和神权政治的治理模式。《国家基本法》出台相对较晚，从实践上卡布斯苏丹组建的内阁及其相关部门已经具备对阿曼全国实施有效治理的能力，才以国家根本大法的形式巩固了前期政治改革的成效，从而使部落政治和神权政治退出官方治理体系，标志着王权宪政时代的到来。部落政治和神权政治在阿曼已经存在上千年，直到泰穆尔苏丹执政时期其仍然是阿曼国家治理的重要形式。卡布斯苏丹上台执政初期，妥善地将神权政治和部落政治纳入国家治理体系，在现代政府机构建设相对成熟后，以立法形式将神权政治和部落政治纳入非官方治理体系，展现出巨大的政治勇气和政治智慧，为进一步推动政治民主打下坚实基础。

三、现代司法体系成为国家治理方式

《国家基本法》开启了阿曼国家治理方式转型的进程，在第六章规定了法制是国家治理的基础以及司法机构的独立性。阿曼司法体系和法律体系的建设随着政治转型改革不断深入，《国家基本法》规定了国家治理的法制原则，而具体的司法机构和法律体系建设一直在不断完善中。阿曼的司法体系由立法机构、司法机构和法律服务机构构成。

（一）立法机构

法律事务部是阿曼的立法机构，依据第14/94号皇家御令设立，制定立法程序履行立法职能，审查核定各部委和各级政府提交的法令和规章，与相关政府机构合作审查现有法律，评估修改法律法规，对皇家御令、法律条文和政府各部门的规章决议做出官方的法律解释，审查阿曼参与的国际公约、条约和协议草案，审查阿曼政府机构与其他国家缔结的相关条约，发布皇家御令、法律法规、政府决议的正式文本。

（二）司法机构

阿曼的司法机构由法院系统、公诉机构和司法行政事务委员会构成。法院系统主要由初级法院、上诉法院和最高法院三级构成，此外还有受理特殊案件的专门法院。

初级法院（也称一级法院）是诉讼程序进入法庭审理的第一步，初级法院法庭有 1 名或 3 名法官审理案件。阿曼全国共有 44 个初级法院，2016 年阿曼全国初级法院共审理案件 63002 宗，对其中的 48766 宗案件做出判决。①

上诉法院受理经初级法院或简易法庭审理的上诉案件，2001 年卡布斯苏丹颁布第 14/2001 号皇家御令，在马斯喀特、苏哈尔、尼兹瓦、萨拉莱、伊卜里和伊卜拉设立 6 个上诉法院。随着城市化建设和诉讼案件的增长，阿曼的上诉法院数量不断增长，阿曼现在每个省都设有 1 个上诉法院，首都马斯喀特省设有 2 个上诉法院，阿曼全国共有 13 个上诉法院。2016 年全国上诉法院共审理 27173 宗上诉案件，其中超过 75% 的案件完成判决。②

最高法院是阿曼司法体系中的最高法律权威，根据第 90/1999 号皇家御令颁布的《司法权力法》设立，其职能是监督伊斯兰教法和其他法律的实施，监督司法法令和司法程序的实施，审理对上诉法院判决不服的上诉案件。

行政法院是根据 1999 年第 91/1999 号皇家御令设立的，其职能在于保障公民个人向行政机构追求责任的权利，确保国家行政机关不能侵害公民

---

① وزارة الإعلام، "عمان"، 2017م، ص108.

② وزارة الإعلام، "عمان"، 2017م، ص107.

权利，不能凌驾于法律之上。[1] 在行政法院设立之前，由地方行政负责人进行裁决涉及对行政机关的申诉，或者由专门委员会进行裁决。行政法院设立之后，保障了对行政机关诉讼的司法公正，保障公务员问责制的实施，提振了公众对政府法制的信心。此外，行政法院还具备监督行政决策以及监督商业、经济和投资活动的职能，为规范行政机关在经济活动中的行为，创造良好的营商环境。

阿曼公诉机构承担社会司法职责，公诉机构工作人员精通伊斯兰教法和专业法律知识。截至 2017 年，阿曼全国公诉机构中共有 154 名职员，其中有 28 名女性。2015 年全国公诉机构共受理 41072 宗案件，2016 年全国公诉机构共受理 37972 宗案件，同比下降近 7.5%。[2]

司法行政事务委员会是法院司法工作的监督机构，根据 1999 年第 90/99 号皇家御令公布的《司法权力法》第 16 条规定："司法部应成立由最高法院院长领导的行政事务委员会；委员会成员应包括 3 名在最高法院服务时间最长的副院长，以及总检察长、任期最长的上诉法庭庭长、任期最长的初级法院院长。"[3] 2012 年 2 月 29 日，卡布斯苏丹公布第 9/2012 号和第 10/2012 号皇家御令，建立最高司法委员会重组司法系统，[4] 将司法部的法院管理权和司法检查权移交司法行政事务委员会，加强了司法机构的完全独立性，不受外界干涉顺利履行司法职能。2017 年 4 月 30 日，司法行政事务委员会确定司法检查总局负责司法检查工作，每年组织技术检查，检查法院司法工作、司法效率以及司法程序是否合法，评估法官的办案数量和工作绩效。[5]

---

① وزارة الإعلام،"عمان"،2017م،ص109.
② وزارة الإعلام،"عمان"،2017م،ص112.
③ وزارة الإعلام،"عمان"،2017م،ص104.
④ وزارة الإعلام،"عمان"،2017م،ص103.
⑤ وزارة الإعلام،"عمان"،2017م،ص104.

（三）法律服务机构

阿曼的法律服务机构主要包括调解委员会、公证部门和司法高等学院。调解委员会是对司法系统的重要补充，建立在阿曼悠久的宽容传统之上，在伊斯兰教和解、协商、宽容的理念之上，与现代司法体系在法律框架下规范调整社会关系。调解委员会根据2005年第98/2005号皇家御令颁布的《调解与和解法》规定成立，调解委员会有权受理民事、商业以及公民个人纠纷案件。阿曼全国共有46个调解委员会，2016年受理18934份调解申请，在调解双方都出席的情况下，和解率达到90%。[①]

公证部门履行规范各方关系，使机构和个人在社会活动中保障自身权力，是面向社会提供法律服务的重要部门。阿曼的公证部门是独立机构，在各省都设有公证部门，全国共有61个公证机构，主要受理民事公证和商事公证两类业务。2016年，全国公证部门共签发、核准、验证了196254份证明及非正式文件。[②]

高等司法学院是阿曼法律专门人才的培养机构，根据2010年4月11日第35/2010号皇家御令成立。高等司法学院培养的法律专门人才在司法部门担任助理法官、助理行政法官和检察官，2016年年底该学院已经培养159名毕业生，同时还承担司法机构法律从业人员的培训工作，2016年共有1325人参加培训课程。[③]

四、保留政治传统的协商制度促进政治参与

阿曼的协商制度是卡布斯苏丹主导的政治转型改革进程中最具特色的政治制度，协商制度的基础来自阿曼的国家传统和伊斯兰属性，借鉴了伊

① وزارة الإعلام، "عمان"، 2017م، ص112.
② وزارة الإعلام، "عمان"، 2017م، ص111.
③ وزارة الإعلام، "عمان"، 2017م، ص112-113

斯兰“舒拉”（الشورى）的形式，保障了公民表达自身愿望、参与决策过程的权利。宗教学者对伊斯兰“舒拉”内涵的解释各有不同，概括来说“舒拉”指的是统治者或部落首领在做出影响社会或部落的重大决策前咨询他人意见的过程。虽然“舒拉”被翻译为协商，但与西方民主有着本质的不同。西方民主将公民权利作为最高权力来源，排除了宗教对公共事务的决定权。而伊斯兰“舒拉”制度的合法性来源于伊斯兰教经典，是宗教向社会领域的延伸。阿曼的协商制度既不是西方的民主制度，也不是伊斯兰传统“舒拉”的翻版，实质上是在苏丹王权主导下推动民主政治的特殊制度安排，强调其“舒拉”传统是为了维护苏丹统治的合法性。阿曼协商制度的发展经历了两个阶段，组织架构由国家咨询委员会向阿曼委员会扩展。

（一）国家咨询委员会

国家咨询委员会于 1981 年 10 月 18 日成立，每届任期 2 年，第一届国家咨询委员会成员 45 人，其中政府代表 17 人，公民代表 28 人。1983 年 10 月 28 日，卡布斯苏丹下令组建第二届国家咨询委员会，委员会成员由 45 人增加至 55 人，其中政府官员代表 19 人，私营企业代表 11 人，各地区代表 25 人。① 从人员构成来看，国家咨询委员会扩展代表来源，增加私营部门和各地方代表人数，增强委员会的代表性。

（二）协商委员会

1991 年 11 月 12 日，卡布斯苏丹颁布第 94/91 号皇家御令成立协商委员会（مجلس الشورى），协商委员会是财政和管理上独立的法人机构，总部设在首都马斯喀特。协商委员会取代国家咨询委员会成为阿曼最高审议监督机构。卡布斯苏丹将协商委员会定位于“为真正的协商民主奠定基础，协

① 《世界议会辞典》编辑委员会编：《世界议会辞典》，中国广播电视出版社 1987 年版，第 111 页。

商根植于阿曼的文化遗产和伊斯兰信仰的价值观，协商制度与现代工具的结合，为我们骄傲的历史遗产注入新的活力”。①

协商委员会委员由各省公民选举出的代表组成，任期 4 年，任期自委员会选举的官方结果公布之日起至第四年的 9 月 30 日结束。协商委员会由协商委员会主席、协商委员会办公室、常务委员会、总秘书处组成。协商委员会主席负责监督协商委员会的运作、组织会议、代表委员会与其他部门开展业务往来、维护委员会利益。1 名主席和 2 名副主席由苏丹组织的特别会议选举产生。

协商委员会办公室根据各常务委员会提交的议案制定会议日程和议程安排，向内阁部长提出质询并审查反馈结果，休会期间负责日常事务。

常务委员会按照组别设立，第八届协商委员会批准成立立法和法律常务委员会、经济与金融常务委员会、健康与环境常务委员会、教育和科研常务委员会、社会发展及服务常务委员会、青年及人力资源常务委员会、食品和饮用水安全常务委员会、信息与文化常务委员会等主要专门委员会。各常务委员会组织专门会议研究相关领域问题或提案，提出专门意见。

总秘书处负责协调协商委员会内部机构，确保委员会顺利运行，秘书长由卡布斯苏丹任命。②

协商委员会的职能主要有三个方面：一是对承担公共管理和社会服务职能的机构及其负责人行使监督权。协商委员会有权监督所有负责公共事务管理的政府官员，就违法和滥用职权的案件向内阁部长提出质询；承担公共管理和社会服务的机构每年向协商委员会提交工作简报，委员会有权要求相关部门提交详细工作情况；审议政府即将批准、缔结或签署的所有立法法案、发展计划，以及经济社会发展规划草案，并将相关意见提交内阁。

---

① وزارة الإعلام، "عمان"، 2017م، ص132.

② وزارة الإعلام، "عمان"، 2017م، ص135.

二是向政府提出立法及其他建议。协商委员会有权向内阁提出建议，特别是协助起草“五年计划”，协商委员会主席兼任“五年计划最高委员会”成员，负责制定“五年计划”并监督实行。协商委员会与内阁各部长讨论“五年规划”及国家财政各门类预算，内阁部长应回应协商委员会就预算提出的相关问题。

三是履行立法职能。2011 年卡布斯苏丹颁布第 99/2011 号皇家御令，赋予协商委员会立法权，其职能也从监督建议拓展到立法，在决策制定、表达公民诉求方面扮演更重要的角色，在履行议会职责时发挥杠杆作用。第八届协商委员会第二届年会（2016—2017 年）期间，共举行了 20 次定期的常规立法和监督会议。①

（三）国务委员会

1997 年 12 月 16 日，卡布斯苏丹公布皇家御令组建阿曼国务委员会（مجلس الدولة）。② 国务委员会成员由苏丹任命，委员人数不能超过协商委员会委员人数。国务委员会委员主要在以下人员中产生：前部长、前副部长或其他部级官员；前任驻外大使；前高级法官；退休的资深官员；科学、教育、文化、学术领域中的杰出专家和商业领域的重要人物；为国家做出卓越贡献的人士。现任政府官员及协商委员会委员不能担任国务委员会委员。国务委员会每届任期 4 年，每年召开年会会期不少于 8 个月。2015 年 11 月 7 日，卡布斯苏丹颁布第 47/2015 号皇家御令，任命第六届（2015—2019 年）国务委员会委员，除委员会主席外共有 84 名委员，其中女性委员 14 名，占委员总数的 17%；第六届委员会成员中新任委员 61 名，上届留任委员 23 名。③

国务委员会由国务委员会主席、国务委员会办公室、常务委员会和总

---

① وزارة الإعلام،"عمان"،2017م،ص136.

② 王晓民主编：《世界各国议会全书》，世界知识出版社 2001 年版，第 9 页。

③ وزارة الإعلام،"عمان"،2017م،ص126.

秘书处组成。国务委员会主席负责监督委员会正常工作，保证委员会工作符合国家法律和委员会工作条例。国务委员会设置2名副主席，由国务委员会委员不记名投票直接选举产生。

国务委员会办公室安排委员会全体会议及各常务委员会会议日程，保证日常工作运转，制定内部工作规章制度。

常务委员会根据组别设置，第六届国务委员会设有5个常务委员会：法律常务委员会，经济常务委员会，社会常务委员会，教育和研究常务委员会，文化、信息和旅游常务委员会。常务委员会负责审议提交的法律草案以及各专业领域内的特定议题。

总秘书处是国务委员会办公室的办事机构，承担具体工作，协调各常务委员会，秘书长由苏丹任命。①

国务委员会的职能包括：批准或修改内阁提交的法律草案，提议新法案，讨论发展计划草案及内阁所提交的年度国家预算，审核国家财政和审计管理局提交的年度报告。

（四）阿曼委员会

阿曼委员会由苏丹任命的国务委员会和选举产生的协商委员会2个机构组成，代表阿曼的协商制度，无常设机构。2011年3月12日，卡布斯苏丹颁布第39/2011号皇家御令，赋予阿曼委员会立法和监督权，国务委员会和协商委员会平等地享有阿曼委员会的权力，各自享有独立法人地位保持财政和行政上的独立性。② 国务委员会和协商委员会虽然相对独立，但在决定国计民生的重大问题上保持密切的合作关系，苏丹有权召集国务委员会和协商委员会召开联席会议，讨论由苏丹提出的专门议题，联席会议一般由苏丹指定国务委员会主席或协商委员会主席主持。③ 为了促进国

① وزارة الإعلام،"عمان"،2017م،ص129.

② وزارة الإعلام،"عمان"،2017م،ص122.

③ 王晓民主编：《世界各国议会全书》，世界知识出版社2001年版，第9页。

务委员会和协商委员会开展有效的合作，2016 年 5 月 19 日委员培训中心成立，负责协助国务委员会和协商委员会委员更好地履行立法和监督职责，还为两个委员会的职员提供进修和培训课程，规范和提升工作程序，提高工作效率。①

第三节 阿曼政治转型的特点

西方学者将传统政治向现代政治转型的路径主要总结为以下几种：一是沃德和拉斯托代表的以政治改革的结果导向路径，将现代政治归纳为政府组织体制、决策程序、参与范围、权力分配和司法制度等几个方面；二是派伊代表的以政治转型中的危机应对路径，将政治转型过程中出现的认同性危机、合法性危机、渗透性危机、参与型危机、整合性危机作为现代政治发展阶段的标志；三是亨廷顿代表的以政治运行过程为标志的过程考察路径，从政治权威、政治功能、政治参与三个方面界定现代政治。从阿曼 1970 年卡布斯苏丹上台推动政治改革的进程来看，阿曼的政治转型时间较短，涉及政府体制、权力分配、政治参与等方面，从中可以看到西方政治思想的特点。相比西方资本市场与政治制度之间长时间的磨合适应，阿曼的政治体制对阿曼社会具有很强的适应性，原因在于卡布斯苏丹在推动政治转型的过程中，充分考虑到阿曼的历史传统和文化背景，将西方政治思想中的有益部分与阿曼的社会现实相结合，推动政治体制的渐进式改革，表现出阿曼政治转型的特点。

第一，以伊斯兰信仰为基础建立统一的民族国家。由于自然地理条件的不同，阿曼沿海和内陆的生产方式有很大区别，形成二元制的社会结构。在葡萄牙殖民者被赶出阿曼后，苏丹国与伊玛目国之间爆发多次战

① وزارة الإعلام،"عمان"،2017م،ص123.

争，进一步加深了沿海和内陆之间的隔阂。卡布斯苏丹上台执政后，将国名更改为阿曼苏丹国，强调阿曼伊斯兰国家的属性和全体阿曼人的民族归属，突出共同的伊斯兰信仰，建立统一的民族国家，提出“阿曼化”政策，增强沿海和内陆民众对阿曼人身份的认同感，动员全体阿曼人参与国家建设。民族国家的国民身份认同是一种区别于传统的部落认同和宗教认同的意识结构，减少了部落冲突和宗教冲突对政治转型的影响，巩固了阿曼的政治团结。

第二，建立了以伊斯兰传统“舒拉”为基础的协商制度，而非西方民主制度。卡布斯苏丹推动政治改革，在根植于阿曼伊斯兰传统中的“舒拉”制度之上，借鉴西方政治民主的形式，建立了协商制度，并以《国家基本法》根本大法的形式保障了制度的实行。阿曼的协商制度是对伊斯兰“舒拉”的继承和创新，使这种新型的政治机构和权力安排更适应阿曼社会，也能在更广泛的范围内动员阿曼各阶层参与国家建设。协商制度与西方代议制民主还有很大的区别，阿曼协商制度是君主权力的有限让渡，在王权主导下逐步扩大政治参与。君主权力的有限让渡体现在协商制度的执行机构调整与变化上，从国家咨询委员会到国务委员会和协商委员会组成的阿曼委员会，形成苏丹任命和基层选举相结合产生的议会机构，在人员构成上表现出代表性和专业性的趋势。苏丹对阿曼委员会的掌控是“自上而下”的权力让渡，而阿曼委员会对苏丹的建议是“自下而上”的诉求表达，这种协商制度的安排是阿曼政治发展的重大创新。

第三，将部落治理和宗教治理融入新型政府治理体系。现代政治的标志是治理方式的转变，卡布斯苏丹以建设新型政府为核心，推动治理体系的改革，新型政府履行公共管理职能，向民众提供公共服务，逐步替代了部落治理和宗教治理的传统模式。泰穆尔苏丹执政时期，“由于对周边国家和世界其他国家实行的封闭政策，苏丹国的治理缺乏对现代国家构成最基本的认识”。[①] 卡布斯苏丹在推动新型政府建设过程中，没有将政府治理

① الدكتور مسعود ضاهر،"الاستمرارية والتغيير في تجربة التحديث العمانية"،دار الفارابي : بيروت – لبنان،الطبعة الأولى،عام 2008،ص135.

方式与传统的部落治理和宗教治理对立起来，而是将其纳入政府治理体系当中。在执政初期，卡布斯苏丹在讲话中提出尊重部落谢赫的权力，并命令政府研究向谢赫支付工资，争取部落势力对苏丹的支持；同时卡布斯苏丹多次强调伊斯兰信仰对阿曼民族国家建设的重要性，团结了各教派力量，在政府职能尚不完善的情况下，避免历史上出现的王权、族权和神权的对抗与冲突。在政府机构和职能不断完善后，部落治理和宗教治理的方式被政府机构替代，成为在官方治理体系之外调节社会关系的重要机制。

第四，采取渐进式的改革措施，以法制建设巩固政治转型成果。卡布斯苏丹作为阿曼国家转型的设计者和推动者，采取了渐进式的改革措施，尽量消除政治改革措施与阿曼社会传统之间的分歧和冲突。在佐法尔战争获得胜利后，卡布斯苏丹已经建立新政府内阁，形成对阿曼全国的有效治理。国家内部条件成熟之后，1991 年卡布斯苏丹宣布建立协商委员会，1996 年宣布制定《国家基本法》将政府组织结构和协商制度作为阿曼的基本政治制度，1997 年宣布建立国务委员会，将保护阿曼公民基本权利的原则法制化。2011 年中东剧变后，阿曼也受到波及，出现游行示威活动。卡布斯苏丹及时回应了民众的诉求，在 2011 年修改了《国家基本法》赋予阿曼委员会立法权，选举产生的协商委员会也具备了立法权，向民众开放了诉求表达和决策参与的通道。

综上所述，阿曼政治转型面对的主要问题是如何跳出传统政治危机“兴勃亡忽”的陷阱，在政治传统的基础上建设新型政治体制。卡布斯苏丹在推动政治转型改革方面，采取了以建设现代民族国家为核心，以建设新型现代政府为手段的政治转型路径，妥善了处理王权、神权和族权三者之间的关系。在政治转型的第一阶段（1970—1996 年），阿曼基本建成新型现代政府，将宗教治理和部落治理的功能纳入新型政府当中，新型政府成为现代政治的治理主体，部落势力和宗教势力从政治治理逐步转向社会治理。

卡布斯苏丹在政治改革初期，妥善地处理了与部落首领、宗教领袖以及旧官僚体系和英国顾问之间的关系，避免政治改革遭遇过多的阻力；提出建设现代政府机构，履行社会管理和提供公共服务的职能，在与内阁首相塔里克在政治改革方向上存在分歧时，能够把握改革方向不动摇，积极推动现代政府建设；更改国名为阿曼苏丹国，强调阿曼民族性凝聚民族国家基础，弥合马斯喀特苏丹国与伊玛目国历史上的长期分歧；积极争取英国和伊朗的军事支持，打赢了佐法尔战争，维护了阿曼的国家统一和领土完整。在佐法尔战争胜利后，卡布斯苏丹得到阿曼人民的尊重、爱戴和拥护，阿曼人民相信卡布斯苏丹一定会带领阿曼走向复兴，阿曼人都能共享国家建设成果。

在政治改革的第二阶段（1996—2019 年），卡布斯苏丹将前期政治改革的成效制度化，政治转型进入法制化阶段，《国家基本法》、政治协商制度、司法体系建设都是阿曼政治转型的重要标志。

随着阿曼石油经济的发展，社会财富不断增加，阿曼社会出现新的“中产阶层”，并提出政治经济诉求：一方面，以伊巴迪教派传统的伊玛目选举制为依据质疑赛义德家族苏丹世袭制的政治权力分配；另一方面，要求扩大政治参与限制“权贵阶层”对国家政治的控制。在 1994 年“地下组织事件”和 1995 年“袭击事件”发生后，卡布斯苏丹开始推动王权宪政改革，颁布《国家基本法》确立了阿曼王权宪政的政体，巩固了王权在政治体制中的核心地位，确立政治协商机制的法律地位，继续扩大政治参与保障公民基本权利。《国家基本法》的制定是阿曼政治转型改革的标志性成果，为王权政体提供了法制基础，也保障了阿曼国家转型的领导核心。阿曼的王权宪政不同于君主立宪制，阿曼的王权宪政体制中苏丹是权力的唯一来源，阿曼委员会的立法权是苏丹赋予的，这一点是阿曼王权宪政与君主立宪制最根本的差异。

阿曼特殊的协商制度是政治转型改革的产物，既不是西方代议制的“仿制品”，也不是伊斯兰传统“舒拉”制的“复制品”，其核心特征是王权控制下的有序政治表达和政治参与，兼顾了“自上而下”和“自下而上”两个政治表达渠道，吸收了伊斯兰传统“舒拉”的价值理念和西方代议制民主的组织形式，调动了政治参与的积极性，保障了政治改革的稳定性。

第四章　阿曼的经济转型

经济因素是传统国家向现代国家转型过程中的决定性因素，发挥着“引擎”的作用，现代经济体制的建立和经济结构的转型决定了国家转型发展的速度和质量。从“一元多线史观”出发可以推断出现代经济体系的建立对现代国家转型的重要作用，作为传统国家向现代国家转型的核心动力——生产力的发展促使生产关系调整，进而改变传统的生产方式和生活方式，生活方式的转变又导致社会意识的改变，社会意识中的传统因素则随着消失了的生产方式和生活方式逐步消解，新生的生活方式构成现代国家属性的一部分。

对西方国家来说，科学技术发展带来的生产力水平提升推动生产关系调整，随着商品经济在全球范围内的扩张，资本主义价值观从西方国家向世界传播。西方国家从传统向现代的转型表现为资本主义生产方式和生活方式的出现，这种国家转型模式随着商品经济的全球发展得到广泛传播，但并不代表这种模式具有普世价值。

对尚处于国家转型阶段的发展中国家而言，国家实现从传统经济向现代经济转型的核心动力是工业化，工业化带动其他经济部门发展创造社会财富，才能保障其他领域转型改革的顺利进行，通常表现为生产关系调整在前，生产力水平提升在后，实质上是通过调整社会资源的分配方式刺激生产力发展。

阿曼的经济转型面临着巨大困难，传统经济无法为国家转型提供动力，在启动国家转型战略初期没有工业基础，而作为国家财富的主要来源——石油资源的勘探开采又掌握在英国人手中。卡布斯苏丹通过政治领域改革，将石油收益国有化，通过国家资本主义形式启动经济转型发展，这种政治领域改革带动经济领域转型发展是阿曼国家转型过程中的特殊现象。卡布斯苏丹在选择国家转型道路时，有两种现成的选择：西方资本主义经济体制和苏联社会主义经济体制。而阿曼当时的经济基础十分薄弱，卡布斯苏丹在推动经济转型发展方面采取混合式的发展模式，建立起国家垄断的石化产业迅速推动工业化，通过石油、天然气及石化产品的出口完成国家转型需要的"原始资本积累"，制定国家发展的"五年计划"完善国家工业体系和产业结构，将石油财富用于教育、医疗、社会保障等民生领域。这些"自上而下"推动工业化的措施带有明显的苏联社会主义经济体制的特征；而推动经济多元化发展、提高非油气产业对经济发展贡献率、设立经济特区和自贸区吸引境外投资等政策又带有西方市场经济体制模式的特征。阿曼经济转型的改革措施带有明显的混合式特征，从发展类型上属于石油主导型的能源资源型经济。

第一节　转型基础：自然地理条件和传统经济结构

一、阿曼的自然地理条件

阿曼地处阿拉伯半岛东南端，介于北纬 16°40′至 26°20′，东经 51°50′至 59°40′，[①] 陆上东临南亚次大陆，北接半岛通往西亚地区要道，西联东非沿岸地区，海上连通波斯湾、印度洋和红海。阿曼拥有 3165 千米的海岸线，从西南段的阿拉伯海和印度洋入口处向北延伸至穆桑达姆半岛哈贾尔

① وزارة الإعلام،"عمان"،2017م،ص47.

山脉（جبال الحجر）顶端。早在半岛上出现往来于沿海和内地的阿拉伯商队时，阿曼就是重要的路上交通枢纽，拥有最古老的连接波斯湾与印度洋的海上通道，是“路上丝绸之路”与“海上丝绸之路”的重要交汇点。

阿曼地形地貌复杂多样，山地、高原、平原、沙漠均有分布。阿曼境内大部分是海拔在200—500米的高原。其中，沿海平原约占全国陆地面积的3%，山地约占15%，其余82%是被沙砾覆盖的广袤沙漠地区。[①] 阿曼位于北回归线上，气候干旱炎热，南部沿海地区属于热带气候。哈贾尔山脉从穆桑达姆半岛的哈巴尔角由北向东南延伸至阿拉伯半岛东南端——哈德角（رأس الحد）。哈贾尔山向东到阿曼海边的地区被阿曼人称为腹地（الباطنة），山脉以西被称为“脊背地区”（الظاهرة）。“腹地”是哈贾尔山脉泥沙冲击形成的滨海平原，宽15—80千米，长约300千米，[②] 平原内分布着许多干涸的河谷，地下水资源丰富，可供农业灌溉使用，是阿曼的农业主产区。阿曼传统上分为三大区域：阿曼、佐法尔、穆桑达姆半岛。

阿曼地区从阿曼湾延伸至鲁卜哈利沙漠，是阿曼苏丹国人口密度最大、经济最发达的地区，该地区包括首都马斯喀特以及苏哈尔、卡布拉、西卜等重要城市，苏丹国的名称也取自该地区。

佐法尔位于阿曼西南沿海地区与也门南部的哈达拉毛地区接壤，与阿曼地区相似，沿海地带存在冲积平原，东起萨姆汉山（جبل سمحان）、西至盖迈尔山（جبال القمر）的沿海地带受到季风影响，在每年的6—9月有季风降雨，[③] 气候更加温和，年降雨量约为15厘米，[④] 分布着渔场和牧场。佐法尔地区绝大多数人口居住在沿海平原。

穆桑达姆半岛位于阿曼东北端，被阿联酋领土隔开成为阿曼的一块飞地。穆桑达姆半岛地形以山地为主，陡峭的悬崖峭壁直接插入海岸，降雨稀少。穆桑达姆半岛与伊朗隔海相望扼守着波斯湾通往印度洋的战略咽

① 仝菲、韩志斌、陈小迁：《列国志：阿曼》，社会科学文献出版社2017年版，第2页。

② وزارة الإعلام،"عمان"،2017م،ص48.

③ وزارة الإعلام،"عمان"،2017م،ص49.

④ Allen, Calvin H., “Oman: the modernization of the sultanate”, Westview Press, 1987, p. 5.

喉——霍尔木兹海峡。霍尔木兹海峡中的“萨拉马和她的女儿岛”（جزيرة سلامة وبناتها）以及马西拉岛（جزيرة مصيرة）和哈拉尼耶群岛（جزيرة الحلانيات）都属于阿曼领土。①

二、阿曼的传统经济结构

阿曼传统经济以农业为主，沿海地区有渔业分布，还有少部分游牧业和传统手工业，传统手工业以造船业为代表，为阿曼在西印度洋和东非海岸的贸易提供航行工具，也为阿曼控制阿拉伯半岛通往印度洋贸易奠定重要基础。

（一）农业

农业一直以来是阿曼最重要的产业部门。但由于自然条件限制，阿曼可供耕种的土地面积较少，全国可耕地约 10 亿平方米，已耕地 7.3 亿平方米。② 阿曼的农业生产面临两大难题：一是缺少土壤肥沃的优质耕地；二是水资源缺乏。能够用于耕种的土地位于冲积平原，一般处在山脉下方干涸谷地周围，但冲积平原的耕地土壤相对贫瘠，土壤钙盐含量高、含水量和有机质含量低且容易分解。阿曼位于亚热带和印度洋季风带交接位置，与阿拉伯半岛上的其他地区相比较，阿曼的降水相对丰富。但这些降水并不能满足农业生产的需求，阿曼的降水呈现明显的季节性、不规律性和集中性。降水时间集中在 7 月和 12 月，而一年中的其他时间则多发干旱，地表蒸发量远大于降水量，发展农业生产必须依靠灌溉水源。

阿曼农业传统的灌溉系统名为阿夫拉吉（الأفلاج）。阿夫拉吉灌溉系统为

① وزارة الإعلام، "عمان"، 2017م، ص47.

② 《阿曼概况》，中华人民共和国驻阿曼苏丹国大使馆网站，2020 年 6 月 18 日，http://om.chineseembassy.org/chn/zjam/amgk/。（上网时间：2021 年 11 月 27 日）

阿曼全国提供了60%以上的淡水供应，大约55%的耕地都依靠阿夫拉吉灌溉。① 季风带来的降水在山区和河谷进入地下储水层，浅表地下水相对丰富，成为农业灌溉的水源。阿夫拉吉依靠地下和半地下水源，通过地下暗渠或地上明渠将水送到耕地。阿夫拉吉主要有三种类型：达乌迪耶（أفلاج داؤدية）、葛耶里耶（أفلاج غيلية）和艾因尼耶（أفلاج عينية）。达乌迪耶是由地下运河系统组成的，长度能达到几千米，地下河深度可达数十米，位于内地省（محافظة الداخلية）的哈特米（فلج الخطمين）和达里斯（فلج دارس）阿夫拉吉长达数千米，地下运河深达数十米，被列入世界遗产名录。葛耶里耶依靠雨水或储蓄雨水的水池，地下暗渠深度不超过3—4米。艾因尼耶以泉水或温泉作为水源，因水源的不同而水质差别很大，有的可以直接饮用，有的只能用于农业灌溉，还有部分可用于康复治疗。② 古代波斯人建造了阿夫拉吉，为了维持古老的阿夫拉吉运转和建造新的阿夫拉吉，阿拉伯人学习了阿夫拉吉的建造技术。来自焦夫地区（الجوف）玛纳附近的阿瓦米尔部落就是修建阿夫拉吉的专家。阿夫拉吉的使用权是需要购买的，使用阿夫拉吉的村庄里有专门负责记录购买情况和监督使用的官员。③

椰枣树是阿曼最重要的农作物，干燥的气候发达的灌溉系统为其提供了理想的生长环境。阿曼椰枣树有250多个品种，年产量超过23万吨，但其中78%的椰枣产自10个主要品种。④ 椰枣是阿曼人获取热量的主要来

---

① Almarshudi, Ahmed Salim, "Traditional Irrigated Agriculture in Oman: Operation and Management of the Aflaj System", Water International, Vol. 26, No. 2, 2001, p. 259.

② "الأفلاج"，https://omantourism.gov.om/wps/portal/mot/tourism/oman/home/experiences/culture/aflaj/!ut/p/a1/ldFdT4MwFAbg3-IFt-2hhVK8Y4AbMthmN4e9MUCQNZGyAOrfly1eGD-Gnrsmz5vmvAdLnGGp81dV54Nqdf58ekv26MZOKAgwmG_ufIjEVlh-ek9ZykbwMAJ_7i0sZwkAs3gEcbiJtzQxwTP_m7c4gSiYLQLHTQAi9rc8_DIeTOX3WJ4JS2-W6zAwYcXN8V_BEyaETyEiE8CaAiv7A1wq6Qv43sIZXFjzFktVNOitbBAgQmzOqENtcLkLQOipJk8XlNdYdtVT1VUdeunG8x6G4dhfG2BAqVGhdI3KtjHgJ39o-wFnnxg-NrtdBipS62bPe-_qHUYc5Uo!/dl5/d5/L0lDUmlTUSEhL3dHa0FKRnNBLzRKVXBDQSEhL2Fy/。（上网时间：2019年8月28日）

③ Allen, Calvin H., "Oman: the modernization of the sultanate", Westview Press, 1987, p. 15.

④ Al-Yahyai, Rashid, and Sulaiman Al-Khanjari, "Biodiversity of date palm in the Sultanate of Oman", African Journal of Agricultural Research, Vol. 3, No. 6, 2008, p. 393.

源，约占热量摄入总量的50%。阿曼出产的椰枣向印度出口，是传统对外贸易中最主要的商品。椰枣树除了出产椰枣外，其他副产品也有许多用途，比如用作建筑材料、编制草席、动物饲料等。

此外，在阿曼其他地区根据当地土壤条件和水资源条件的情况还种植其他农作物，比如内陆地区种植的小麦、苜蓿，腹地地区种植的酸橙、香蕉、芒果，以及佐法尔地区种植的高粱和甜马铃薯。①

（二）渔业

阿曼的海岸线是世界上渔业资源最丰富的地区之一，低温海水上涌将矿物质带到浅水层，强烈的光照提升海水温度而利于鱼类生长，为阿曼渔业发展提供了物质基础。阿曼沿海盛产沙丁鱼、多刺龙虾、金枪鱼、石斑鱼、鳌虾等主要海产品。几个世纪以来，鱼类是阿曼人的主要食物，阿曼人均鱼类消费量为每年37.42公斤，为阿拉伯国家最高，鱼类为阿曼人提供了21%的动物蛋白，是重要的蛋白质来源。②

渔业是阿曼重要的经济部门，阿曼人根据捕鱼区域、季节和鱼群迁徙路线的不同发明了很多捕鱼技术，主要分为四类：开阔海域、近岸海域、浅海水域和深海水域。各类捕鱼技术根据捕捞地点、捕鱼种类、海岸情况等条件又有很大变化。沿海地区的渔业发展除了满足日常饮食消耗外，也是与内陆地区交换椰枣和其他农产品的主要商品，同时渔业副产品也用于制造肥料和家畜饲料，向周边国家和地区出口。比如在1839年前，阿曼的渔业产品包括向中国和欧洲出口的鱼皮和贝壳。③

---

① Al – Yahyai, Rashid, and Sulaiman Al – Khanjari, "Biodiversity of date palm in the Sultanate of Oman", African Journal of Agricultural Research, Vol. 3, No. 6, 2008, p. 393.

② Bose, Shekar, et al., "Fisheries and food security: The case of the Sultanate of Oman", Proceedings of the International Conference on Food Security in the Arab Countries: New Challenges and Opportunities in the Context of Global Price Volatility, Vol. 4, 2010, pp. 4 – 5.

③ Ministry of Information, Sultanate of Oman, "Oman in History", Immel Publishing Ltd. London, 1995, pp. 329 – 330.

（三）传统造船业

在传统社会时期阿曼缺乏工业生产原料，但是阿曼人充分利用当地资源，在传统造船业上取得重大突破，阿曼人的海上活动范围大大增加，在印度洋西部从斯里兰卡到东非海岸都有阿曼人航海的足迹。

阿曼传统帆船选用椰树或柚子树的木料制造船体，阿曼人从印度及周边岛屿进口用于造船的椰树或柚子树木料，甚至直接到木材出产地就地取材造船，拉克代夫群岛（Laccadive islands）和马尔代夫群岛（Maldives islands）都曾是阿拉伯人造船的地点。[①] 阿曼人带着木工工具到西印度洋上的岛屿取材制作传统帆船，将采伐的木材烘干用于制作龙骨、桅杆、船板，剥离树叶将树皮编制成三角形的船帆和用于固定船板的绳子。按照阿曼传统帆船的制造程序，船体框架制作的第一步是制作龙骨，龙骨位于船底，起到最主要的支撑作用。船板在龙骨两侧用绳子固定在一起，树皮纤维制成的螺纹绳穿过船板上的孔洞，将船板紧密地“缝合”在一起，船板之间并不重叠，不需要使用钉子固定。船体制作完成后，造船工匠使用由柏油和鲸鱼脂肪制成的混合油脂将船体内外的孔洞密封起来，并涂满整个船体以防止被虫蛀。[②] 传统帆船装有尾舵，使用绳索控制，这种技术是阿拉伯造船工匠最早发明的手动尾舵。帆船制作完成后，造船工匠驾驶装载着椰子的帆船返回阿曼，抵达阿曼后将船上的椰子卖掉。

阿曼传统帆船在原料和工艺方面与欧洲制造的帆船有三个主要的区别：一是使用纤维和绳索将船板连接起来，而不使用钉子固定船板；二是使用三角形船帆，而不使用方形船帆；三是船头和船尾采用同样的外形，

① Ministry of Information, Sultanate of Oman, “Oman in History”, Immel Publishing Ltd. London, 1995, pp. 317 – 318.

② George F. Hourani, “Arab seafaring in the Indian Ocean in ancient and early medieval times”, Princeton University Press, 1995, p. 159.

而不做区别。[①]

关于阿曼传统帆船使用植物纤维绳“缝合”船板而不使用钉子的原因有很多解释，各时期的历史学家的解释不尽相同，主要有“成本说”“缺铁说”“材料说”“腐蚀说”等。拜占庭历史学家普罗柯比（Procopius）认为希腊—罗马使用铁钉固定船板的造船法成本高耗时长，阿曼造船人愿意使用成本更低、更易获取的椰树皮纤维。[②] 马可波罗（Marco Polo）在13世纪曾到访霍尔木兹地区，他记录了该地区缺少铁制品，阿曼人使用植物纤维制成的绳索和木栓造船。[③] 阿拉伯著名的地理学家伊德里斯（1100—1165年）和伊本·朱拜尔（1145—1217年）认为，一旦船只在航行中触礁，纤维绳索固定的船板相比使用铁钉固定的更为安全，船只不易沉没。[④] 阿拉伯历史学家麦斯欧迪（المسعودي，卒于956年）认为红海的海水容易腐蚀船只上的铁钉，因此传统帆船使用绳索固定。[⑤] 阿曼传统船只的使用寿命较长，有的船龄能达到60—100年。[⑥] 直到16世纪，欧洲使用铁钉和其他金属材料造船的技术才传到波斯湾，植物纤维绳索开始被铁钉和其他金属材料替代。[⑦]

阿曼传统造船业的技术进一步巩固了阿曼海上通道的战略重要性，为阿曼在西印度洋和东非海岸开展贸易提供了航行工具，使阿曼控制了波斯

① Ministry of Information, Sultanate of Oman, “Oman in History”, Immel Publishing Ltd. London, 1995, p. 318.

② Facey, William., “Oman: a seafaring nation.”, Ministry of Information and Culture, the Sultanate of Oman, 1979, p. 108.

③ Facey, William., “Oman: a seafaring nation.”, Ministry of Information and Culture, the Sultanate of Oman, 1979, p. 108.

④ Ministry of Information, Sultanate of Oman, “Oman in History”, Immel Publishing Ltd. London, 1995, p. 319.

⑤ Ministry of Information, Sultanate of Oman, “Oman in History”, Immel Publishing Ltd. London, 1995, p. 319.

⑥ "صناعة السفن"، صوت عمان، Feb. 6, 2016, https://www.omvo.org/o/s.php? s=135.（上网时间：2019年8月28日）

⑦ Ministry of Information, Sultanate of Oman, “Oman in History”, Immel Publishing Ltd. London, 1995, p. 321

湾通往西印度洋的海上通行权，加强了阿曼与印度的联系，也为中世纪阿曼成为海上强国奠定了重要基础。

阿曼的自然地理条件决定了传统经济结构，恶劣的自然条件和相对匮乏的自然资源限制了传统自然经济的发展，内陆和沿海的两种地理条件和资源条件催生了两种不同的生产方式，内陆山区依靠阿夫拉吉灌溉系统发展农业生产，沿海地区凭借传统造船技术发展渔业和海上贸易。两种不同的生产方式决定了沿海和内陆地区社会组织形式和政治发展特点，形成沿海和内陆的二元结构。

三、发达的传统海上贸易

古阿曼海上贸易活动活跃，早在公元 8 世纪中叶，阿曼商船“苏哈尔”号从苏哈尔港出发，航行 6000 余海里，抵达中国广州。[①] 在赶走葡萄牙殖民者后，亚里巴王朝伊玛目苏尔坦扩充阿曼海军力量，将印度和非洲东部海岸作为目标开始了海上扩疆运动。苏尔坦死后继任的两位伊玛目比尔阿鲁布和赛义夫继续推动海上扩疆运动，阿曼控制了从波斯湾到印度洋和非洲东部海岸的海上贸易，马斯喀特成为波斯湾重要的转口港，海上贸易的发展使阿曼进入海上帝国的“黄金时代”。

在赛义德王朝时期，统治家族内部争夺权力导致王权政治碎片化，苏丹仅控制马斯喀特及周边地区，阿曼失去海上贸易的控制权。同时，巴林的哈利法家族、拉斯・海玛的卡瓦西姆家族在波斯湾贸易活动中日益活跃，影响了马斯喀特海上贸易中心的地位。赛义德・赛义德・本・苏尔坦（سيد سعيد بن سلطان）苏丹多次派兵攻打哈利法家族和卡瓦西姆家族，但都没有取得胜利。马斯喀特原本控制的波斯湾内的岛屿都被卡瓦西姆家族占据，卡瓦西姆家族替代阿曼海军成为波斯湾内一支举足轻重的海上力量。

阿曼失去海上贸易控制权的主要原因是英国在波斯湾采取“分而治

① 顾涧清、李钧、王文琦：《海上丝路史话》，广东经济出版社 2018 年版，第 50 页。

之”的政策。1897—1911 年间，英国在印度的收入几乎一直是英国本土财政收入的一半，[①] 波斯湾到印度洋以及红海到非洲东部海岸是英国重要的海上贸易通道，维系着殖民地到英国的财富流动。英国采取分而治之的策略扶植重点港口地区的当地力量，瓜分了阿曼对海上贸易航线的控制权。

争夺波斯湾贸易控制权失败后，赛义德将注意力转向非洲东部海岸。虽然赛义德王朝在非洲东部海岸收取奴隶贸易的人头税，但对非洲东部海岸地区的控制力薄弱，很少直接介入当地事务。在阿曼国内发生政治动乱时，1741 年以蒙巴萨的马兹鲁伊家族（المزروعي）为首的各地统治者拒绝纳贡，实际上脱离了阿曼的控制。[②] 1814 年马兹鲁伊家族占据蒙巴萨宣布独立，脱离阿曼统治，成为马斯喀特在非洲东部海岸的主要对手。1824 年，英国派驻毛里求斯总督威廉・欧文（William Owen）宣布对该地区实施保护，并禁止奴隶出口贸易，马兹鲁伊家族同意停止奴隶出口贸易换取英国人的保护。马兹鲁伊家族在英国保护下获得独立地位后，马斯喀特对非洲东部海岸海上贸易的控制越发脆弱。1829 年，赛义德决定将主要力量放在桑给巴尔，将其作为新的海上贸易中心，并在桑岛上开垦农业种植园巩固发展基础，桑给巴尔成为阿曼海上帝国的“遗产”保留下来，最终于 1958 年脱离阿曼统治实现独立。

阿曼的重要战略位置决定了海上贸易的发展，在亚里巴王朝时期的海上扩疆运动奠定了阿曼海上帝国的基础，通过控制海上贸易通道积累了大量的财富。在西方殖民者看来，阿曼是保护通往印度洋海上贸易通道的重要节点，也是从殖民地掠夺财富流回欧洲的重要关口，因此葡萄牙人采取军事占领的方式控制阿曼重要港口长达 140 多年，而英国人采取“分而治之”的策略扶植哈利法家族和卡瓦西姆家族，瓜分了阿曼对波斯湾海上贸易的控制权。赛义德苏丹试图恢复阿曼“海上帝国”的地位，但在波斯湾

---

① 钱乘旦主编：《英国通史（第五卷）光辉岁月——19 世纪英国》，江苏人民出版社 2016 年版，第 416 页。

② 王绳祖主编：《国际关系史（第二卷）1814—1871》，世界知识出版社 1995 年版，第 279 页。

和非洲东部海岸接连失败，马斯喀特中转港的地位也逐渐被其他港口替代，阿曼依靠海上贸易创造巨大财富的时代已经过去，但在波斯湾、非洲东部海岸和桑给巴尔留下海上强国的文化印记。

第二节 转型动力：资源能源型经济

阿曼在经济转型之初，国内经济基础十分薄弱，缺少生产资料和税收来源，处于严重的经济危机。受20世纪30年代蔓延全球的世界资本主义危机，以及国际和地区形势动荡的影响，来自西方国家的国际援助减少使阿曼的经济形势进一步恶化。阿曼政府缺少资金修缮阿夫拉吉灌溉系统，国内农业生产难以发展，由于泰穆尔苏丹实行的封闭政策，沿海地区的海上贸易受到严重影响，仅有少量椰枣、柠檬等农产品出口到周边国家。由于多年内战，阿曼内陆地区经济遭到严重破坏，仅维持生活必需品的生产和贸易，普通民众生活处于极度贫困的状态。而阿曼邻国沙特已经发展起石油产业，积累了大量的石油财富，很多阿曼人到沙特寻找工作机会，为家庭提供经济来源。

卡布斯苏丹将石油收益作为推动经济转型的动力，采取了国家资本主义的模式，在较短时间内积累推动工业化的“原始资本”，确定了资源能源型经济转型方向，同时将石油收益用于建设基础设施和提供社会公共服务，缓解了经济转型初期的财政困境，有效地改善了阿曼民众的生活水平。

一、打造转型引擎优先发展石油产业

石油产业是阿曼经济转型发展的唯一出路。阿曼的石油勘探和开采相对较早，在20世纪20年代，英国的英波石油公司（the Anglo - Persian Oil

Company）成为最早在阿曼开始石油勘探工作的石油公司。1937 年，西方石油公司财团组建了阿曼和佐法尔石油发展有限公司（Petroleum Development Oman and Dhofar Ltd.），1951 年更名为阿曼石油开发公司（Petroleum Development Oman）。1964 年在费胡德（فهود）和伊布拉（ابراء）发现可开采的油田开始商业开采，1967 年开始出口石油。[①] 但是，阿曼石油开采的收益主要集中在产油区的部落长老和苏丹手中。在卡布斯苏丹执政前，阿曼的石油收益没有对国内的经济社会发展起到积极作用。卡布斯苏丹执政之初，阿曼的财政收入不足以维持政府的运转，建设新型政府改善民众生活条件需要大量资金，石油收益是推动经济转型的重要动力，也是国家财政最主要的来源。而当时阿曼的石油勘探和开采控制在西方石油公司手中，因此阿曼政府不但需要提高石油收益，而且需要石油产业的国有化，通过国家直接制定经济发展计划，使用石油收益推动经济转型改革。

1967—1969 年，阿曼石油产量明显提升，从年产量 8770 万桶增长到 12130 万桶；1970—1974 年，石油年产量稳定在 10500 万桶左右；1975—1977 年，石油产量再次提高，1976 年达到峰值年产量为 13380 万桶。[②] 阿曼没有加入欧佩克，但在国际石油贸易中使用欧佩克市场确定石油出口价格。阿曼石油主要销往中国、日本及其他东亚国家和欧洲次级市场。原油价格从 1970 年开始逐步走高，1974 年原油价格大涨，从 5.62 美元/桶上涨到 12.3 美元/桶。[③] 1975 年佐法尔战争结束，阿曼政府重新控制了南部地区，石油产量有所提升，同时国际油价连续上涨，给阿曼带来丰厚的石油收益。

石油收益是阿曼的经济命脉，但阿曼石油产业国有化经历了相当长的时间。阿曼石油开发公司掌控着阿曼石油产业，但该公司的主要股份被西

① “PETROLEUM DEVELOPMENT OMAN LLC”, https://www.company-histories.com/PETROLEUM-DEVELOPMENT-OMAN-LLC-Company-History.html.（上网时间：2019 年 9 月 2 日）

② Allen, Calvin H., “Oman: the modernization of the sultanate”, Westview Press, 1987, p. 95.

③ Allen, Calvin H., “Oman: the modernization of the sultanate”, Westview Press, 1987, p. 95.

方石油公司占有，1973 年阿曼政府持有 25% 的阿曼石油开发公司股份，1974 年 7 月增加到 60%，荷兰皇家壳牌石油公司持有 34% 的股份，并在公司管理中占有重要地位。直到 1980 年，阿曼石油开发公司重新注册，由合资公司转变为阿曼公司。①

二、共享改革成果推动基础设施建设

石油产业对阿曼经济发挥了巨大的拉动作用，政府将石油收益投入基础设施和公共服务领域建设，取得重大进展，将阿曼从中世纪带入现代世界。在国家转型初期，阿曼民众对卡布斯苏丹的期望很高，希望改善生活水平。卡布斯苏丹将石油产业带来的收入投入基础设施建设和公共服务机构建设中，能够在短时间内提高阿曼民众的获得感。1970 年 8 月 9 日，卡布斯苏丹发表历史性讲话，提出全面建设现代国家——阿曼苏丹国的计划，提出发展灌溉农业、邮政系统、交通系统的目标。

> “农业对我们国家具有重要意义，帮助恢复和发展农业生产是政府的首要工作。我们国家缺水，我已命令租用设备打井，满足用水需求。打井工程将覆盖全国。
>
> 我们国家已经统一了，应该有现代的交通系统。我们希望尽快建成全国的公路交通系统和邮政系统。”②

到 1972 年，公共服务机构建设已经取得成效。2 月 26 日，卡布斯苏丹出席复兴医院落成开诊仪式并发表讲话，提出建设阿曼医疗服务体系。

---

① “PETROLEUM DEVELOPMENT OMAN LLC”, https: //www. company - histories. com/PETROLEUM - DEVELOPMENT - OMAN - LLC - Company - History. html. （上网时间：2019 年 9 月 2 日）

② وزارة الإعلام،"كلمات وخطاب حضرة صاحب الجلالة السلطان قابوس بن سعيد المعظم،خطاب صاحب الجلالة بمناسبة العيد الوطني العاشر المجيد"،ص15-18.

“我们开启了新生活，在政府的公共政策当中，要保障所有阿曼人的医疗服务。我们向阿曼人民和阿拉伯人民保证，我们已经开始了建设，要与时间赛跑，弥补以往政府应该提供给阿曼人的保障。”①

在1972年11月18日国庆节讲话中，卡布斯苏丹再次提到加强医疗服务机构建设，扩大医疗保障的覆盖范围。

“1970年全国有10家诊所和9家卫生中心，1971年全国有15家诊所、15家卫生中心和6家医院。今年（1972年）全国将有25家诊所、3家卫生中心升级为医院，医院总数将达到12家。全国医生数量也从1970年的12名增加到今年的54名。”②

教育机构数量也有显著的增长，在1972年11月18日国庆节讲话中，卡布斯苏丹提到全国教育机构增长的情况。

“教育部已经全力以赴开办学校，1970年全国开办3所学校，在校生有900人。1971年全国开办16所学校，在校生达7000人。1972年，我们学校的数量将达到45所，在校生规模达15000人。”③

三、合理开发石油资源实现可持续发展

卡布斯苏丹在1974年11月18日国庆节的讲话中再次强调了石油产业对阿曼经济社会发展的重要性，提出不过度开发的原则，继续利用石油收

① الدكتور مسعود ضاهر، "الاستمرارية والتغيير في تجربة التحديث العمانية"، دار الفارابي: بيروت – لبنان، الطبعة الأولى، عام 2008، ص92.

② الدكتور مسعود ضاهر، "الاستمرارية والتغيير في تجربة التحديث العمانية"، دار الفارابي: بيروت – لبنان، الطبعة الأولى، عام 2008، ص93.

③ الدكتور مسعود ضاهر، "الاستمرارية والتغيير في تجربة التحديث العمانية"، دار الفارابي: بيروت – لبنان، الطبعة الأولى، عام 2008، ص93.

益提升阿曼民众生活水平。

> “为了实现国家复兴，提高个人生活水平，我们将调集国内全部经济资源，发展国内经济，提高个人收入，提升经济发展水平。我们将实现全面、有效、平衡的发展。根据我们研究过的发展计划，我们遴选专家负责推动社会发展，研究自然资源和人力资源，做好居民经济活动和社会活动的基础统计，包括农业生产、生活成本、国际贸易等，研究如何进行经济社会发展不受条件限制。”
>
> “石油是世界能源的主要来源，对于阿曼来说，石油也是我们财富的首要来源。利用石油资源带来的收益，我们能够推动国家发展，实现我们的目标。石油作为消费品，既要满足国内消费需求，也要出口创收以执行经济发展计划。因此，我们必须与阿拉伯产油国采取同一立场，实行保护石油资源不过度开发的政策，有意识地评估石油资源，更好地珍惜、开发、利用石油资源。石油既是重要的能源来源，也是国家主要的经济来源，利用好石油资源能够破解发展难题，创造社会财富。”①

与波斯湾各产油国相比，阿曼石油储量较少，且开采成本较高。在20世纪70年代初，有测算表明按照当时的开采速度，阿曼石油储量仅能维持10—12年的开采期。② 为了应对石油资源枯竭的问题，阿曼政府采取两种措施：一是提供优惠政策鼓励外国石油公司到阿曼勘探石油及其他新能源。1973年阿曼政府同意外国石油公司在阿曼石油开发公司已经放弃的地区开展石油探勘工作，沙特的阿美石油公司（أرامكو）和法国的埃尔夫公司（Elf Aquitaine）③ 获得阿曼政府许可开始在阿曼境内勘探油田。1975年埃

---

① الدكتور مسعود ضاهر،"الاستمرارية والتغيير في تجربة التحديث العمانية"،دار الفارابي: بيروت – لبنان،الطبعة الأولى،عام 2008،ص96-97.

② Allen, Calvin H., “Oman: the modernization of the sultanate”, Westview Press, 1987, p. 95.

③ 2003年3月被道达尔菲纳石油公司收购，2003年后成为道达尔集团旗下的一个品牌。

尔夫公司在阿曼与沙特边境地区的艾布·巴布特尔（أبو بطبل）发现油田，1980年埃尔夫公司成为阿曼第二大石油生产商。除此之外，英国石油公司、日本石油勘探公司、日本石油开发公司都获得阿曼政府的许可，在阿曼勘探石油。① 二是改进采油技术，采用注水采油技术提高油井的开采寿命，保证油田合理开发。三是发展天然气产业，增加能源收入来源，替代石油收益。20世纪70年代末，阿曼开始发展天然气产业，使用天然气替代石油作为能源来源，建立输送管线运输天然气用于发电和海水淡化。1994年卡布斯苏丹颁布皇家御令，成立阿曼液化天然气公司负责天然气液化、储存和销售。2013年9月1日，阿曼液化天然气公司与噶利亚液化天然气公司合并，成为阿曼最大的液化天然气公司。②

阿曼利用石油收益以政府投资的方式，在较短时间内开展了大量的基础设施领域和公共服务领域建设项目，有力地促进经济增长。但是，这种国家资本主义的经济体制严重依赖石油产业，在20世纪70年代末国际原油价格上涨期间，阿曼经济发展迅速，而到了80年代初国际油价大幅下挫，阿曼面临严重的经济危机。同时，产业结构单一化不能有效消化阿曼国内劳动力，国内就业不充分，维持公共服务和社会保障的财政压力过大，必须调整经济政策，增强国家建设的规划性和整体性，提升阿曼国内劳动力素质，促进国内就业，增加民众收入，减轻财政负担。

第三节　转型重点：传统产业升级与工业化

农业和渔业是阿曼最重要的传统经济部门，能够吸收大量的国内劳动

---

① Allen, Calvin H., “Oman: the modernization of the sultanate”, Westview Press, 1987, pp. 95 - 96.

② اسماء سعد الدين،"الشركة العمانية للغاز الطبيعي المسال"،27 ديسمبر ،2019،المراسل، https://www.almrsal.com/post/163126,（上网时间：2019年12月30日）

力。在阿曼启动经济改革的初期阶段，农业和渔业没有得到重视。20 世纪 70 年代末，阿曼政府开始推动农业和渔业等传统产业发展，鼓励私营企业参与农业和渔业生产，出台政策扶植农民和渔民提高收入。

阿曼耕地面积较少，农业发展受水资源分布的限制，虽然有阿夫拉吉灌溉系统，但年久失修，难以满足现代农业生产需求。为了提高水资源利用率，1979 年阿曼政府成立水资源管理部门，合理分配使用水资源保障农业生产，并开始修复传统的阿夫拉吉灌溉系统，在有季节性降雨地区修建水坝，贮存雨水用于农业灌溉，同时寻找新的水源和适宜耕种的土地，增加农业生产面积。政府建立农业技术推广中心，向农民提供技术支持以及政府补贴的种子、化肥、农药、牲畜疫苗等农业生产物资。政府支持私营企业开展商业农业项目，主导设立农业综合项目，然后将其转交给私营企业经营管理。政府发展农产品加工业和农资制造业，建设植物油加工厂和化肥厂，提升国内农产品深加工能力。

渔业虽然对阿曼经济的贡献率较低，但从事渔业生产是阿曼人的一种生活方式和文化传统，在创造就业岗位、吸纳劳动力、外汇创收方面有重要的社会意义。2008 年，阿曼共有渔民总数约为 37520 人，其中阿曼传统渔业约占渔业总产量的 88%。1999—2008 年，阿曼渔业产品 47% 出口到国际市场，最主要的出口目的地是海合会成员国和欧盟国家，分别占到出口总量的 61% 和 8%，平均出口产值分别达到 49% 和 16%。①

阿曼政府鼓励渔业发展，以市场化方式将私有资本引入渔业。卡布斯苏丹颁布皇家御令，组建阿曼渔业公司（شركة الأسماك العمانية）。公司于 1989 年 4 月 2 日开始营业，并在马斯喀特证券交易所上市，阿曼政府占有公司 24% 的股份。② 同时，建立渔业基金向阿曼渔民提供贷款，用于购买渔船

① Bose, Shekar, et al., "Fisheries and food security: The case of the Sultanate of Oman", Proceedings of the International Conference on Food Security in the Arab Countries: New Challenges and Opportunities in the Context of Global Price Volatility, Vol. 4, 2010, p. 7.

② "Oman Fisheries Company SAOG (OFC)", http://omanfisheries.com/about-us/.（上网时间：2019 年 12 月 30 日）

和捕鱼工具；政府投资修建码头、港口冷库和海产品交易市场，帮助渔民提高收入。

阿曼的工业基础薄弱，缺少技术人才和具备专业技能的工人。阿曼政府将发展重点放在中小型企业，吸引私营资本进入工业生产领域。由于国内市场有限，重工业特别是工业基础原料产量较少，1979 年卡布斯苏丹颁布第 79/1 号皇家御令，发布《工业促进法》对境外公司和阿曼公司提供政策便利，包括免税期、关税退税、保护性关税、公共事业补贴等，以促进国内工业发展。阿曼政府为私营企业投资工业生产部门提供融资便利，阿曼发展银行为企业提供融资服务。为吸引更多企业参与工业产生部门，1981 年政府投资 6000 万美元在鲁萨伊勒建立工业园区（the Rusayl Industrial Estate），园区内道路、水电等基础设施以及商店、清真寺、员工宿舍等配套设施完备，能够容纳 160 家企业。此外，在萨拉莱、苏哈尔、尼兹和苏尔等地也建设了工业园区。①

第四节　转型方向：经济自由化改革

卡布斯苏丹依靠发展石油产业带来的石油收益以“五年计划”的形式推动社会经济发展，在交通、水电、教育、医疗等“经济和社会基础结构”领域投入大量资金，建设社会基础设施提供公共服务，提高了阿曼民众的生活水平。在佐法尔战争胜利后，1977 年阿曼石油开发公司与政府达成协议，获得南部地区勘探开发权，而后在南部萨拉莱地区发现油田。1978 年阿曼原油的价格为每桶 13 美元，到 1980 年为每桶 39 美元。② 阿曼

① Allen, Calvin H.，“Oman: the modernization of the sultanate”，Westview Press，1987，pp. 99－100.

② “PETROLEUM DEVELOPMENT OMAN LLC”，https://www.company－histories.com/PETROLEUM－DEVELOPMENT－OMAN－LLC－Company－History.html.（上网时间：2019 年 9 月 2 日）

通过石油产业的拉动作用，以国家资本主义的经济体制推动经济社会快速发展。但这种高度依赖石油产业的经济结构存在弊端：一是国内经济受国际原油市场价格波动影响较大，不利于国内经济稳定运行；二是产业结构单一化，不利于其他产业部门的发展，无法为社会劳动力提供更多工作岗位；三是石油属于不可再生资源，石油储量有限，难以维持经济可持续发展。1986 年国际油价暴跌，提高石油产能已经不能弥补油价下跌造成的收入缺口，阿曼不得不紧缩财政削减投资建设项目。产业结构的单一化导致对劳动力的需求也趋于单一化，石化产业提供就业岗位有限，对员工有专业技术要求。而能大量消化劳动力的第二产业和第三产业发展缓慢。直到 20 世纪 90 年代初，阿曼石油开发公司中外籍员工的比例仍超过 40%。[①]

为了解决石油经济发展模式带来的问题，卡布斯苏丹开始推动经济自由化改革，与政治改革中法制化建设处于同一阶段，也是阿曼国内政治经济结构大调整的阶段。卡布斯苏丹采取刺激私营经济发展、开放资本市场、吸引外国投资，加入国际组织推动经济区域化和国际化等方式改变经济结构，寻找阿曼新的经济增长点。

20 世纪 80 年代末期，阿曼已经着手推动经济自由化的改革，在第四个“五年计划”中，推动经济多样化发展，提出发展私营经济和协调地方经济发展，提升阿曼劳动力在国内劳动市场中的比例。第四个“五年计划”中，“将 60% 的资金分配给首都以外的省份发展项目，而在上一个计划中，这一比例仅为 34%”。[②] 在提高阿曼劳动力进入市场方面，政府要求各产业部门预留工作岗位给阿曼人，包括律师、工程师、会计、教师、护士等职业职位。

1988 年 6 月 21 日，卡布斯苏丹颁布第 53/88 号皇家御令，组建马斯

① “PETROLEUM DEVELOPMENT OMAN LLC”, https://www.company-histories.com/PETROLEUM-DEVELOPMENT-OMAN-LLC-Company-History.html.（上网时间：2019 年 9 月 2 日）

② 黄培昭、苏丽雅：《当代阿曼苏丹国社会与文化》，上海外教育出版社 2003 年版，第 293 页。

喀特证券市场（Muscat Securities Market），监管阿曼证券市场，完善和支持阿曼金融业。①

1994 年，卡布斯苏丹颁布第 102/94 号皇家御令，公布《外商投资法》，明确了外国投资条件，给予非石油产业投资免税的优惠政策，外国投资资本和所获利润可转移到国外等外资进入阿曼的原则性条款。《外商投资法》规定，外资在得到贸易和工业部许可后，可以投资入股阿曼国内公司；外国投资金额不少于 15 万里亚尔，且外资比例不得超过总资本的 49%。经外国投资委员会建议，由贸易和工业部长批准，外资占股比例可以增加到阿曼国内公司总资本的 65%。对国民经济发展有重大贡献的项目，经贸易和工业部长建议，由发展委员会批准，外资投资占股比例可以达到 100%，且外资投资数额不少于 50 万里亚尔。《外商投资法》对农产品加工、旅游业、渔业和公共事业项目等非石油产业领域提供免税政策，免税期限为 5 年，最长可延期至 10 年。外资投资项目进口的机器设备和生产原料 5 年内免征关税，最长可延期至 10 年。外国投资资本及所获利润可以转移到国外，保障外资的自由流动。②《外商投资法》给予外资很多便利条件，引导外国投资推动非石油产业发展，促进阿曼国内经济多样化。

除了 1981 年参加海合会外，阿曼一直没有参加其他经济合作组织。而推动经济自由后，阿曼加快了经济国际化的速度。阿曼积极参与国际和地区组织，推动与阿拉伯国家和周边国家的贸易往来，建立广泛的国际贸易合作，刺激国内产业多元化发展，提升阿曼经济的国际化水平。1995 年 3 月，阿曼派出代表团参加毛里求斯主办的环印度洋国际会议，参会国家还有澳大利亚、印度、肯尼亚、南非和新加坡，会议讨论环印度洋国家的自由贸易和经济合作问题。1997 年 3 月 7 日，环印度洋协会（The Indian O-

① "Muscat Stock Exchange (MSX)", https://www.msm.gov.om/page.aspx? b1 = Our - Profile&b2 = History&p = HistoryEvents&ti = History.（上网时间：2019 年 10 月 12 日）

② "Foreign Capital Investment Law", Investment Policy Hub, https://investmentpolicy.unctad.org/investment - laws/laws/132/oman - foreign - investment - law.（上网时间：2019 年 10 月 12 日）

cean Rim Association）正式成立，包括阿曼在内的 14 个国家参加了该组织。[①] 阿曼参加环印度洋组织，希望通过地区组织的经济合作，推动阿曼和印度洋国家签订自由贸易协定，改善国际贸易的外部条件。1997 年 2 月，包括阿曼在内的 17 个阿拉伯国家发起建立大阿拉伯自由贸易区（Greater Arab Free Trade Area），决定在 10 年时间内取消贸易区内各国互征工业产品和农产品关税，2005 年自贸区内各国已经完成取消互征关税的目标。[②]

1995 年阿曼提出的“2020 愿景”奠定了经济自由化的发展方向，加快了国内经济体制改革的步伐。1995 年 6 月，在马斯喀特召开“2020 愿景”会议，内阁副首相盖斯·扎瓦维、负责发展事务的国务大臣穆罕默德·本·穆萨·优素福（محمد بن موسى اليوسف）主持会议，来自世界银行和来自阿拉伯、亚洲和拉美国家的经济学家参加会议，协商委员会委员参加全程的会议。会议主要讨论改变阿曼经济发展模式，明确经济自由化改革方向，包括增强经济和金融稳定性，改变政府在经济活动中的作用和参与私营经济的界限，实现国家财政收入来源多元化，阿曼经济的全球化，推动阿曼人力资源发展和提升阿曼劳动力技能。[③] 这次会议的召开标志着阿曼经济领域改革的开始，“2020 愿景”中提出的很多目标成为经济自由化改革的措施，在 1996 年的第五个“五年计划”中开始落实。

1996 年卡布斯苏丹颁布的第 1/96 号皇家御令，公布了阿曼第五个“五年计划”，其主要内容包括：第一，开发阿曼人力资源，提高阿曼劳动力技能跟上技术发展，有效应对国内和国际环境变化；第二，建立稳定的整体经济环境，促进私营经济发展，优化阿曼人力资源和自然资源的开发

---

① “The Indian Ocean Rim Association（IORA）”, https://www.iora.int/en/about/milestones.（上网时间：2019 年 10 月 12 日）其余 13 个成员国为：澳大利亚、印度、印度尼西亚、肯尼亚、马达加斯加、马来西亚、毛里求斯、莫桑比克、新加坡、南非、斯里兰卡、坦桑尼亚和也门。

② Wippel, Steffen, “Between the Arab World and the Indian Ocean: Dimensions of Oman's Economic Regionalisation.”, Leipziger Univ. – Verlag, 2010, p. 10.

③ Nehme Ayoub & Hala Choufany, “Muscat Market Snapshot”, April, 2009, https://www.hvs.com/Content/2838.pdf.（上网时间：2019 年 12 月 3 日）

利用；第三，鼓励有竞争力的私营经济发展，加强私营企业与政府政策制定部门的联系；第四，创造有利条件推动经济多样化，综合开发阿曼自然资源；第五，提高公民生活水平，缩小不同地区之间的收入差距，确保全体公民共享发展成果；第六，保持自1970年始的25年改革取得的成效。①

1996年4月22日，阿曼政府向世界贸易组织提交申请，6月26日世贸组织成立工作组准备入世谈判；1997年4月30日开始第一次谈判，到2000年6月7日完成谈判，于2000年11月9日正式加入世贸组织，成为世贸组织第139个成员国。② 阿曼加入世贸组织后，刺激对外贸易发展，提高非石油产业的竞争力，吸引外国投资，推动国内经济多样化发展。

2004年8月1日，卡布斯苏丹颁布第78/2004号皇家御令，公布《电力、水务行业监管和私有化法》，向私营机构开放电力、水务行业，推动公共服务产业的市场化。2019年12月15日，中国国家电网公司与阿曼那玛控股公司在阿曼首都马斯喀特签署文件，国家电网公司收购阿曼国家电网公司49%的股权。阿曼私有化委员会主席沙特·舒凯里出席签约仪式并表示，中国国家电网公司是全球最大的电力企业，拥有全球领先的电网技术和丰富的电网运行经验，相信选择中国国家电网公司作为合作伙伴，将进一步提升阿曼供电可靠性和电力工业发展水平。中国国家电网公司投资阿曼国家电网公司将成为两国电力能源合作的里程碑，为阿曼政府推动电力领域改革起到示范作用。③

2019年7月1日，卡布斯苏丹颁布第50/2019号皇家御令，公布新的《外商投资法》，旨在按照国际标准提高国家竞争力，提升对外资的吸引力；简化外商在阿曼投资许可办理等程序；扩大允许外商投资的行业领域

---

① “Vision 2020”, https://www.scp.gov.om/en/Page.aspx? I = 14.（上网时间：2019年12月3日）

② “Oman”, https://www.wto.org/english/thewto_e/acc_e/a1_oman_e.htm.（上网时间：2019年12月3日）

③《中国国家电网公司收购阿曼国家电网公司股权签约仪式举行》，国研网，2019年12月19日，http://d.drcnet.com.cn/eDRCNet.Common.Web/DocDetail.aspx? DocID = 5704119&leafid = 3047&chnid = 1025。（上网时间：2019年12月3日）

范围，包括有利于阿曼国家发展的战略性项目；为经由内阁审议通过的外商投资企业提供一定优惠政策和激励措施，必要时为其投资项目提供担保；允许投资项目长期租赁或使用所需房地产。①

第五节　转型路径：经济多元化改革

从20世纪80年代末期，阿曼开始推动经济自由化改革，经过20余年的发展，国家经济结构和产业结构有了很大变化，非石油产业在阿曼经济中的比重显著提高，私营经济广泛参与到非石油产业各个领域，金融市场国际化速度加快，国际贸易额不断增长，国际贸易范围从海湾地区向印度洋、东亚地区扩展，外资投资规模和外资利用率增长较快，国民经济增速维持在较高水平，阿曼民众生活水平逐步提升。经济自由化改革为阿曼经济注入强大动力，但石油产业仍然对阿曼经济发挥基础性作用，国际油价波动带来的经济发展不确定性仍是阿曼面临的主要问题。

2014年国际油价下跌，全球经济持续波动，给阿曼经济造成巨大冲击，直接反应在国家石油收入和政府预算上（详见表4－1）。为了应对国际油价下跌带来的负面冲击，阿曼政府采取缩减财政开支以减少财政赤字的政策，逐步推动经济多元化改革，避免对经济社会造成冲击，防止经济衰退。2014年开始，阿曼政府逐年减少公共开支，公共开支总额从2014年的151亿里亚尔减少到2015年的137亿里亚尔，2016年继续减少到129亿里亚尔。②

① 《阿曼颁布新〈外商投资法〉》，国研网，2019年8月27日，http：//d. drcnet. com. cn/eDRCNet. Common. Web/DocDetail. aspx？DocID＝5592707&leafid＝14046&chnid＝3597。（上网时间：2019年12月3日）

② وزارة الإعلام،"عمان"،2017م،ص260.

表 4—1　2014—2016 年阿曼石油出口价格、石油收入与财政预算变化

年度＼项目	出口石油价格	石油收入	财政预算
2014 年	103.23 美元/桶	102 亿里亚尔	141 亿里亚尔
2015 年	56.6 美元/桶	56 亿里亚尔	91 亿里亚尔
2016 年	40.1 美元/桶	36 亿里亚尔	76 亿里亚尔

资料来源：وزارة الإعلام،"عمان"،2017م،ص260-262.

阿曼将经济多元化改革作为第九个“五年计划”（2016—2020 年）中的重要方向，选择具有发展前景的领域和发展潜力的产业，大力推动新兴产业发展，同时创造良好的营商环境，进一步释放私营经济部门活力，吸引国内外投资。

一、改善营商环境培育市场主体

在经济自由化改革阶段，阿曼制定了《外商投资法》吸引外国投资，在实行经济多元化改革后，加快了相关法律法规的修订，创造了有利于国内外投资增长的投资环境。阿曼国内政治稳定、社会安宁、实行自由经济制度，对境外资金及其在阿曼国内的投资收益转移没有任何限制，不收缴个人所得税，这些政策性优势在海湾地区具有一定的竞争力。

在世界银行公布的《2017 营商环境报告》中，阿曼排名 66 位，在“创办企业”指标分项中排名阿拉伯地区第 1 位，在“法制、政策支持和经济环境”二级指标中排名阿拉伯地区第 3 位，在“政治稳定、无暴力和组织环境”指标中排名阿拉伯地区第 3 位。① 世界知识产权组织公布的《2019 全球创新指数》中，阿曼综合排名第 80 位，“营商环境”项目下三

① Doing Business，“Equal Opportunity for All World Bank. 2017”，2017，https：//www. doing-business. org/content/dam/doingBusiness/media/Annual－Reports/English/DB17－Report. pdf.（上网时间：2019 年 12 月 5 日）

级指标“创办公司便利度”排名第34位；“人力资本与研究”项目下二级指标“教育”排名第10位，二级指标“高等教育”排名第4位，三级指标“教育支出占GDP比例”排名第12位，三级指标“政府资助学生占GDP比例”排名第9位；在“市场成熟度”项目下三级指标“关税税率（加权平均）”排名第21位；在“商业成熟度”项目下三级指标“集群发展情况”排名第24位。①

阿曼政府通过发展电子政务的方式简化服务流程，大大缩短了创办企业所需审批时间，电子政务网站的应用有效地改善了营商环境。阿曼工商部门的电子政务平台提供77项网上业务办理服务，2015年网上办理业务3.5万件，2016年增长到19.4万件。②

二、激发资本市场活力

为了刺激中小企业发展，阿曼中央银行调整了货币政策，推动经济增长，促进经济多元化。2017年4月，阿曼中央银行增资，将央行资本增加到10亿里亚尔，提高银行应对国外货币和金融领域变化带来风险的能力，保障国内货币币值稳定；阿曼中央银行要求金融机构重新评估重组贷款条款，减轻借款方压力，增强经济应对风险的能力；适度扩大信贷总额，刺激经济发展。2016年底，阿曼各类传统银行、伊斯兰银行和其他储蓄公司信贷总额达到221亿里亚尔，增长10.1%，其中向私营部门信贷总额达到197亿里亚尔；银行存款总额达到204亿里亚尔，增长5.2%。③

在经济多元化改革方向下，证券市场表现出新活力。2016年，阿曼国内投资者对证券市场表现出积极的兴趣，国内投资者占马斯喀特证券市场

---

① Index, Global Innovation, “Creating Healthy Lives - The Future of Medical Innovation, 2019”, Cornell University, INSEAD, World Intellectual Property Organization, 2019, https://www.wipo.int/publications/en/details.jsp?id=4434.（上网时间：2019年12月3日）

② وزارة الإعلام،"عمان"،2017م،ص266.

③ وزارة الإعلام،"عمان"،2017م،ص271.

买入额的82.6%、占卖出额的73.6%。2016年底，马斯喀特证券市场股指上升了7%，上市公司总市值为173亿里亚尔。[①]

三、工业“阿曼化”及自贸区建设

非石油产的工业化建设是经济多元化改革的重点方向，阿曼政府提出“阿曼制造运动”，鼓励阿曼工业部门发展自身技术能力，与国际化标准接轨，推动工业领域的“阿曼化”建设，每年评选卡布斯“苏丹工业卓越奖”，鼓励国内工业企业发展。2016年阿曼工业产值达51亿里亚尔，占GDP总量的20.1%，其中制造业产值达34亿里亚尔，占GDP总量的13.5%；采矿业产值达1.369亿里亚尔，占工业总产值的2.7%。[②] 在第九个“五年计划”中，阿曼制造业和采矿业成为多元战略优化的支柱产业。

阿曼政府启动自贸区建设较早，2002年卡布斯苏丹颁布第56/2002号皇家御令公布《自贸区法》，规范自贸区设立及相关优惠政策。目前阿曼有3个自由贸易区：米兹尤奈自贸区、萨拉莱自贸区和苏哈尔自贸区。米兹尤奈自贸区位于佐法尔省，临近也门边境，1999年11月开始运营，截至2016年底已经有115家公司签署合同在该自贸区投资。萨拉莱自贸区成立于2006年，主要集中了物流、仓储、石油化工、纺织品、医疗产品等重要项目，萨拉莱自贸区临近港口，海上物流便利，已经成为地区物流中心。苏哈尔自贸区成立于2010年，主要为石油化工产业聚集园区，园区内包含苏哈尔港和苏哈尔炼油厂等重要企业，成为地区石油化工重要生产基地，成立后吸引了100亿里亚尔的投资。[③]

2011年，阿曼政府加大了自贸区建设的力度，10月26日卡布斯苏丹颁布第119/2011号皇家御令，建立杜库姆经济特区。该经济特区是中东地

① وزارة الإعلام،"عمان"،2017م،ص273.
② وزارة الإعلام،"عمان"،2017م،ص276.
③ وزارة الإعلام،"عمان"،2017م،ص280.

区最大的经济特区，总面积达 2000 平方千米，主要划分为 8 个区域，包括港口、船舶干船坞、炼油厂、机场、工业区、住宅区、商业区、旅游区以及物流服务区。经济特区内将建成先进的石油化工工业综合体，能够保障安全的石油和天然气供应；经济特区靠近中部省，可利用中部省丰富的自然资源发展制造业；同时，杜库姆港地区鱼类资源丰富，适宜发展鱼类加工和水产养殖业。① 与此前设立的自贸区相比，杜库姆经济特区在政策上给予投资者更大的优惠，包括税收、土地使用、资产流动等方面：对于特区内企业免征所得税 30 年，免税期可延期一次；经济特区内进出口货物免征关税；特区内国有土地使用权为 50 年，可延期一次；特区内投资项目资金及其所获利润由投资者所有。② 2017 年 4 月 10 日，阿曼石油公司与科威特国际石油公司协议，在杜库姆经济特区联合开发炼厂与石化工业综合体项目，该项目将成为杜库姆经济特区最大合资项目。炼厂投资规模 70 亿美元，占地 900 万平方米，日原油处理能力 23 万桶，产品主要销往境外。炼厂将配套建设电厂、服务站等配套设施，为所产石脑油、柴油、航空油等产品铺设液体管道。③ 2017 年 4 月 19 日，中国—阿曼（杜库姆）产业园在杜库姆经济特区落成，占地 11.72 平方千米，拟建项目规划总投资 670 亿元人民币，包括石油化工、建筑材料、电子商务等 9 个领域。④

四、立足传统优势发展港口物流业

阿曼历史上是海洋强国，海岸线上分布着众多重要港口。在推动经济

① "المنطقة الاقتصادية الخاصة بالدقم" https：//www. duqm. gov. om/sezad/about - us/welcome - to - duqm.（上网时间：2019 年 12 月 5 日）

② وزارة الإعلام،"عمان"،2017م،ص278-279.

③ 《阿曼与科威特签杜库姆炼厂及石化工业综合体项目发展协议》，国研网，2017 年 4 月 13 日， http：//d. drcnet. com. cn/eDRCNet. Common. Web/DocDetail. aspx？ DocID = 4664496&leafid = 3038&chnid = 1023。（上网时间：2019 年 12 月 5 日）

④ 《中国—阿曼产业园：期盼这里成为中东第二个迪拜》，环球网，2017 年 4 月 21 日，https：//world. huanqiu. com/article/9CaKrnK27fY。（上网时间：2019 年 12 月 5 日）

多元化改革过程中，传统港口转型既能服务石油产业也能拉动新兴产业，在第九个“五年计划”中，以港口转型发展现代物流业成为经济多元化的支柱产业。阿曼政府根据各港口地理位置和战略发展，调整各港口的发展规划，港口定位主要分为商业港口和旅游港口。

卡布斯苏丹港是阿曼最古老的港口，卡布斯苏丹港由商业港口转向旅游港口，主要接收各国邮轮和度假游艇，逐步减少货物运输功能。2016年，卡布斯苏丹港接待149艘邮轮，接待24.9万名游客，较2015年的17.6万名游客上涨41%。[①] 苏哈尔港由于临近重工业和石化工业区，重点发展由波斯湾辐射印度洋及非洲东部地区海运物流。苏哈尔港停泊位总长达6270米，有21个独立泊位，泊位深度由16米到25米不等，是海湾地区和南亚地区最深的海港；苏哈尔港与占地2500万平方米的苏哈尔自贸区相连，具有很大的投资竞争力。2016年苏哈尔港国际标准集装箱吞吐量达到62万个，液体货物吞吐量达到1690万吨，截止到2016年累计吸收投资超过250亿美元。[②] 萨拉莱港是区域性的海运交通枢纽，处于主要国际航道的交叉口，具有重要的战略地位。萨拉莱港有19个泊位，泊位深度从3米到18米不等，设有一个综合货物码头。2016年萨拉莱港停泊艘次达到2824次，年国际标准集装箱吞吐量达到330万个。[③]

五、推动传统产业转型发展

农业和渔业是阿曼最重要的传统产业，虽然占GDP比例较低，但在吸收劳动力、维护社会稳定方面具有重要的基础性作用。在经济多元化改革中，阿曼政府将农业和渔业也列入发展计划中。

阿曼政府与联合国粮农组织合作制定农业发展战略，该战略涵盖了种

① وزارة الإعلام، "عمان"، 2017م، ص319.
② وزارة الإعلام، "عمان"، 2017م، ص282-283.
③ وزارة الإعلام، "عمان"، 2017م، ص284.

植业和养殖业，通过现代农业技术提升农业产值，推动农产品深加工，提高农产品附加值。阿曼农业和渔业部提出“2016 农作物发展计划”，为农民提供奖励措施，其中的“支持和更换计划”“百万椰枣树倡议”向农民发放 5.9 万棵椰枣树；同时向农民发放 15.6 万棵改良果树苗；向受高盐度地下水侵蚀的种植区提供海水淡化设备。2016 年农业总产值达到 2.812 亿里亚尔，较 2015 年上涨 14.6%。[①]

阿曼的渔业规模化发展程度较低，2016 年全国渔业捕捞量为 28 万吨，渔业产值达 2.04 亿里亚尔，其中手工捕捞占总产量的 99%；2016 年阿曼出口鱼类产品总量达 15.2 万吨，占总产量的 54.2%，出口产值为 7300 万里亚尔。阿曼全国共有 22720 艘小型传统渔船，688 艘传统拖网渔船，134 艘远洋拖网渔船。[②] 阿曼政府通过升级捕鱼渔船，整合捕鱼船队的方式推动渔业规模化发展，预计渔业部门将直接创造 8600 多个就业岗位以及 20400 个相关配套支持服务岗位。此外，政府还增加了渔港，设立中心渔业市场帮助渔民销售鱼类产品。

六、打造战略性新兴产业

阿曼旅游资源丰富，从沿海地区到内陆山区分布着众多自然景观和人文遗迹，国内政治稳定、社会安宁，适宜发展旅游业。同时，旅游产业是绿色可持续发展的产业，对其他行业，包括交通运输、建筑、房地产、餐饮和酒店等，有着广泛的带动作用也能吸纳大量劳动力，创造更多工作岗位。因此，阿曼在经济多元化改革中，将旅游业作为战略性新兴产业。列入第九个“五年计划”中大力推进。阿曼旅游部作为主管旅游业的政府部门，制定了阿曼旅游战略（2016—2040 年）将阿曼打造成一个兼具当代风格和异域传统情调的旅游目的地国家，到 2040 年预计年接待游客 110 万

① وزارة الإعلام،"عمان"،2017م،ص297.

② وزارة الإعلام،"عمان"،2017م،ص294-295.

人，旅游产业年增长率为 3.5%，；旅游业对 GDP 的贡献率预计提高到 6%。①

阿曼的旅游产业起步较晚，但保持了良好的发展势头。2016 年阿曼接待游客 280 万，较 2015 年增长了 14.4%；旅游业年收入约为 18 亿美元；2016 年酒店和餐饮行业产值达 2.491 亿里亚尔，占服务业总产值的 1.8%。② 旅游业及相关配套产业发展迅速。截至 2016 年底，阿曼全国 337 家酒店共有 1.9 万间客房，共有床位 3 万张，其中 3560 间客房属于五星级酒店标准，占客房总数的 18.9%。③ 政府鼓励私营资本投资酒店住宿行业，预计阿曼酒店数量和质量将会进一步提升。

阿曼采取旅游项目开发、综合商业配套、旅游城市开发等综合模式推动旅游业发展，引入国际资本注入旅游开发领域，扩大了旅游业相关产业的投资范围，包括永久产权酒店和商业住宅、商业综合体、综合娱乐设施和体育设施。2016 年 11 月，卡塔里·迪亚尔公司开发的迪亚尔·哈德角度假村项目奠基开工，项目预计投资 2.5 亿里亚尔，占地 200 万平方米，靠近哈德角保护区，度假村规划包括酒店、商业与文化遗产设施、住宅别墅等。2017 年 3 月，旅游部批准位于马斯喀特省古里亚特州的旅游综合开发项目，项目占地 28.23 平方千米，预计投资 3.85 亿里亚尔，项目包括 3 家酒店共 750 间客房，和 4000 个永久产权住宅出售，以及高尔夫球场和水上乐园。④

总而言之，阿曼的传统经济以灌溉农业和渔业为主，活跃的海上贸易活动促进传统造船业的发展。在亚里巴王朝时期，阿曼的海上扩疆运动取得从波斯湾到印度洋和非洲东部海岸的贸易控制权，马斯喀特、苏哈尔等港口成为波斯湾内重要的转口港，通过海上贸易为阿曼带来巨大的财富，阿曼也成为西亚地区的“海上帝国”。英国采取“分而治之”的策略瓜分

---

① وزارة الإعلام، "عمان"، 2017م، ص304.

② وزارة الإعلام، "عمان"، 2017م، ص303.

③ وزارة الإعلام، "عمان"، 2017م، ص305.

④ وزارة الإعلام، "عمان"، 2017م، ص308-309.

了阿曼海上贸易控制权，阿曼依靠海上贸易获取大量财富的时代一去不复返。阿曼的传统经济结构和财富创造方式无法为经济转型提供动力，也缺少工业化基础，因此卡布斯苏丹选择了国家资本主义与市场经济体制相结合的经济转型路径。

石油经济的发展是阿曼国家转型最重要的动力，阿曼政府将石油收益投入教育、医疗、基础设施建设等领域，推动了阿曼的社会发展，在较短时间内使阿曼人的生活有了很大的改观。单一的石油产业结构和国家资本主义的经济体制使阿曼经济受国际石油市场价格波动影响较大，经济体系抵抗风险能力较低。20 世纪 80 年代初，国际油价大幅下挫，阿曼开采全部石油产能也无法缓解油价下跌造成的财政困难，阿曼开始实行经济自由化改革，逐步开放市场，鼓励私营资本投资非石油产业，提供优惠政策条件吸引国外投资，设立证券市场容纳国内资本，帮助私营企业融资，增强非石油产业的活力。

经济改革过程也落实了卡布斯苏丹提出的“阿曼化”要求，政府对农业、渔业等大量吸纳劳动力的产业采取支持政策，推动农产品深加工和渔业转型升级，帮助农民和渔民提高收入；在新兴产业中，要求预留岗位给本国雇员；在经济政策和改革措施的制定过程中，与阿曼传统商业家族合作，避免过度依赖外籍顾问。

经过 20 余年的经济自由化改革，阿曼的经济体制有了结构性的变化，私营经济在国民经济中占有重要地位，非石油产业对 GDP 的贡献率显著提高，经济抗风险能力有所提升，但仍然面临着石油经济不确定性带来的风险。阿曼政府实行经济多元化改革，进一步推动非石油产业发展，使阿曼产业多样化、收入多元化、市场国际化。通过“五年计划”的制定，确定优先发展的支柱产业，将采矿业、物流业、制造业、渔业和旅游业作为优先发展的重点产业，改善国内营商环境，吸引外国投资，设立自贸区和工业园区推动市场国际化，增强阿曼国内经济增长动力。

阿曼的经济转型走上一条混合式的道路，在经济转型启动阶段坚持国家资本主义的经济体制，依靠发展石油经济创造的财富带动其他产业部门转型升级；面对单一产业结构和石油依赖型经济的负面影响时，及时推动经济自由化改革，发展私营经济，激发经济活力；通过长时间的努力，完成石油产业的国有化，又推动非石油产业的发展；在经济多元改革的过程中，继续开放市场，推动市场国际化，增强国内经济抗风险能力。阿曼经济在两种不同经济体制下迅速发展，从政府主导资源配置和财富分配的国有经济体制，向市场主导资本自由流动的市场经济体制逐步转型，加强地区和国际经济合作，特别是加入世贸组织后，深度融入国际市场，实现了石油主导型经济向多元化经济的转型，为其他石油依赖性经济体提供了一种发展道路。

第五章　阿曼的社会转型

社会转型通常是政治经济领域转型发展到一定阶段的产物，社会转型从广义上来说是传统社会向现代社会转型的过程，从狭义上来说是工业化和民主化。社会转型实质上是政治体制和经济发展模式相互调整后的产物，其中最重要的标志是科学技术发展促进生产力提高，加速社会分工的精细化和社会职能的专业化，传统的社会结构也随之消解。传统社会结构的消解伴随着新型社会结构的生成，这一过程也是现代性社会内涵的生成过程。

在由传统社会向现代社会转型的进程中，西方国家社会转型模式是建立在资本主义制度和市场经济增长模式充分发展之后的，此时资本主义的文化和价值观已经被西方国家民众接受，社会分工进一步深化，人的社会属性不断增强，现代社会的物质基础和思想基础相对牢固。对发展中国家而言，社会转型面临的最大问题就是现代经济发展带来社会分工的迅速变革，与传统社会的历史文化和价值观之间存在冲突。发展中国家的社会转型是一个短期的连续变化过程，需要经济转型和政治改革的发展积累，在这个过程中价值观会出现“传统”与“现代”的二元对立。从“一元多线史观”的角度来看，社会转型是“传统”因素不断消解，“现代”因素不断增强的过程，“传统”和“现代”二元对立并不是绝对的，而是随着现代社会不断发展，工业社会中的“现代”因素也逐渐成为后工业社会中的“传统”因素。发展中国家社会转型一般会出现两种情况：一是“历史传承性的断裂”，也就是全盘接受西方资本主义价值观对现代社会的定义，将历史传统和文化价值排除在社会转型之外；二是“传统文化价值观的改良转化”，传统文化价值观念主动适应社会转型的客观需求，传统文化价值参与现代社会的生成，以改良后的形态存在。卡布斯苏丹在社会转型方面，始终强调阿曼的历史文化传统，突出阿曼的文化属性，加强阿曼公民对阿曼历史的认同感，在社会转型过程中采取“阿曼化”政策，积极引导宗教传统和部落传统适应现代社会发展需求，克服文化传统中的消极因素。

第一节　传统部落结构与宗教意识

在传统社会中，社会组织结构与意识结构是国家转型前提条件中最主要的非经济因素，它决定着国家转型过程中人口资源的组织和运行模式。社会意识是社会生活的物质方面（即社会存在相对应的哲学范畴），它包括人类的全部精神现象及过程。社会存在决定社会意识，社会意识对社会存在具有积极的能动的作用。社会意识结构建立在经济结构之上，是社会生活在人们观念上的反映。[1] 西方国家是经历了文艺复兴和资产阶级文化运动之后，社会组织结构和意识结构才发生了根本性转变，为向现代社会转型铺平了道路。而对阿曼来说，社会转型进程时间较短，社会组织结构和意识结构也没有经过充分演变，其形式和内涵仍保留着传统性。阿曼传统社会组织结构是建立在部落传统与伊斯兰教基础之上的，在伊斯兰教传入阿曼前部落传统主导社会组织结构，在伊斯兰教传入后宗教成为社会组织结构的另一种形式，两种社会组织结构相互交织相互影响，共同构成阿曼传统社会动员的最主要因素，也成为阿曼进入国家转型进程后社会动员

① 魏忠英：《自然辩证法和历史唯物论》，群众出版社 2004 年版，第 112 页。

的基础。

一、部落传统构成传统社会组织基础

部落是阿曼前现代社会组织形式的基本结构，是管理部落属地政治经济事务的基本单位。部落的领导核心是谢赫（الشيخ），谢赫有很大的自治权，其职责是调解部落内部纠纷，团结带领部落对抗外部挑战。谢赫往往来自部落内显赫的家族，由家族内部推举出担任谢赫职务的人选，经过与部落其他成员协商来正式确定谢赫的人选，而谢赫的产生不完全根据世袭制。这种由协商推举出来的谢赫，其领导合法性来源于履职情况，也就是能否妥善协调部落内部的纠纷，对外保护部落的利益。对于不能满足部落大多数成员诉求的谢赫，部落成员有权罢免。由多个部落或氏族组成的大部落，其领导核心是泰米姆（تميمة）。泰米姆是整个部落的政治核心，产生过程与谢赫相似，但泰米姆的权力更多集中在部落整体上，各氏族内部的事务仍由各自谢赫管辖。

阿曼现有超过 229 个部落，都是葛哈坦人（القحطاني）和阿德南人（عدناني）的后裔。[①] 部落的形成和变迁受到多种因素影响，比如地理因素、政治联盟、宗教信仰、生活方式、经济水平等，这些因素都能促成部落的凝聚或分裂。部落最开始是围绕同一氏族或共有同一祖先的多个近亲氏族形成的。共同祖先是部落凝聚和形成的起点，同时也是部落分裂和分化的起点。两个或几个部落公认同一祖先，就形成一个新的部落。比如哈利利部落（خليل）与巴尼·鲁瓦哈部落（بني الرواح）的合并。[②] 部落的分裂往往是原有部落内的一部分人形成新的核心，否认与原有部落来源于同一祖先，原有部落内的成员追随新的核心就形成了新的部落。19 世纪阿曼的纳伊穆

---

① المعرفة،"قبائل سلطنة عمان" https：//www. marefa. org/% D9% 82% D8% A8% D8% A7% D8% A6% D9%84_% D8% B3% D9% 84% D8% B7% D9% 86% D8% A9_% D8% B9% D9% 85% D8% A7% D9%86.（上网时间：2019 年 8 月 23 日）

② Allen, Calvin H. , “Oman: the modernization of the sultanate”, Westview Press, 1987, p. 9.

部落（نعيم）和艾布夏姆斯部落（أبو الشمس）的分裂就属于这种情况。①

部落虽然以共同祖先的身份认同作为凝聚的起点，但实际上部落形成的最关键因素在于部落成员对自身部落身份归属的认同，对部落其他成员承担义务。部落成员的身份认同对部落形成的作用大于共同祖先的身份认同的凝聚力，实际上有些由多个氏族组成的大部落并没有明确的共同祖先，仍然能够保持部落结构的稳定。由此可见，部落的结合和分裂是与部落生存发展密切相关的，具有实用性和灵活性的特征。

在生产力水平较低的阿拉伯传统社会，个体需要渗入更大的群体当中才能生存下去，个体的特殊性融入部落的整体性，个体的生存发展需求凝聚为部落的发展需求，部落身份认同和生存发展需求相结合产生了部落主义（Tribalism）。在现代国家出现之前，部落主义或许是相对友善的。当群体必须通过国家来达成目标时，它们就更可能在有限的资源上出现公开的冲突。② 部落主义成为阿曼传统社会的意识结构，是部落作为社会组织结构基础的反映，也是各部落争夺资源冲突不断的原因之一。部落主义的意识结构直到伊斯兰教传入后才发生重大改变，与宗教认同相结合形成一种混合式的意识结构。

二、伊斯兰教传入促进宗教意识形成

早在先知穆罕默德传教时期，伊斯兰教就已传入阿曼，但具体时间史料记载说法不一。史料记载先知穆罕默德派遣使者到阿曼，给当时阿曼统治者朱兰达（الجلندى）的两个儿子吉弗尔（جيفر）和阿卜杜（عبد）带去亲笔信，号召他们皈依伊斯兰教。伊本·赫勒敦（ابن خلدون）认为，先知穆罕默德派遣使者到阿曼号召皈依伊斯兰教的时间，应该在公元628年先知在

---

① Allen, Calvin H., "Oman: the modernization of the sultanate", Westview Press, 1987, p. 9.

② ［美］拉塞尔·哈丁著，刘春荣、汤艳文译：《群体冲突的逻辑》，世纪出版集团、上海人民出版社2013年版，第283页。

侯德比叶（الحديبية）签订给予麦加人和穆斯林平等待遇条约①和公元 632 年先知去世之间，最有可能的时间是先知穆罕默德使用外交手段向希贾兹（الحجاز）以外的地区传播伊斯兰教这一时段。在这段时间内，先知穆罕默德向周边国家的国王和首领写了很多信件，号召他们皈依伊斯兰教，其中也包括阿曼。② 另据史料记载，公元 628 年先知穆罕默德派遣艾布·扎耶德·安萨里（أبو زيد الأنصاري）作为使者给阿曼统治者朱兰达（一说是朱兰达之子吉弗尔）传信；两年后，先知又派遣阿穆尔·本·阿绥（عمرو بن العاص）给阿曼人带去第二封信；艾布·谢达德·迪迈伊（أبو شداد الدماني）给阿曼人带去了先知的第三封信；阿卜杜拉·本·阿里·萨马利（عبدالله بن علي الثمالي）和马斯利·本·哈赞（مسلية بن هزان）作为先知的使者带去了给阿曼人的第四封信。

在先知穆罕默德多次向阿曼派遣使者传播伊斯兰教后，阿曼当时的统治者吉弗尔和阿卜杜皈依了伊斯兰教。先知穆罕默德派来的使者阿穆尔·本·阿绥（عمرو بن العاص）负责征收天课，他向阿曼富人收取天课，然后将其分发给穷人，而没有将天课送往麦地那。③ 这种公平的社会政策受到阿曼人的欢迎，阿曼人很快皈依了伊斯兰教。先知穆罕默德的另一位使者艾布·扎耶德·安萨里（أبو زيد الأنصاري）教导阿曼人如何做礼拜、诵读伊斯兰教经典以及如何理解伊斯兰教信仰的原则。④ 在伊斯兰教传入阿曼后，阿曼曾多次派遣代表团到麦地那表示皈依伊斯兰教并效忠于麦地那的伊斯兰政权。阿穆尔还鼓励阿曼人反抗波斯人的统治，号召波斯人皈依伊斯兰教放弃偶像崇拜。鲁斯塔克（الرستاق）的波斯总督拒绝皈依伊斯兰教，皈依伊斯

---

① ［美］菲利浦·希提著，马坚译：《阿拉伯通史（上）》，新世界出版社 2015 年版，第 105 页。

② Ministry of Information, Sultanate of Oman, "Oman in History", Immel Publishing Ltd. London, 1995, p. 108.

③ صوت عمان، "إسلام أهل عمان"، https://www.omvo.org/o/s.php? s=91.（上网时间：2019 年 8 月 25 日）

④ Ministry of Information, Sultanate of Oman, "Oman in History", Immel Publishing Ltd. London, 1995, p. 112.

兰教的阿曼穆斯林攻下鲁斯塔克抓住并处死了波斯总督。而苏哈尔（صحار）的波斯总督放弃了抵抗，萨珊王朝势力退回波斯，阿曼成为一个阿拉伯伊斯兰国家。①

先知穆罕默德去世后，为保证阿曼对麦地那伊斯兰政权的效忠，哈里发艾布·伯克尔及其继任者欧麦尔给予阿曼统治者吉弗尔和阿卜杜管理内部事务的权力，使阿曼保留在伊斯兰国家的框架之内，哈里发派遣奥斯曼·本·艾比·阿绥（عثمان بن أبي العاص）只负责征收天课，不管理阿曼内部事务。② 尽管艾布·伯克尔曾向麦加、塔伊夫、萨那、贾纳德、朱拉什、阿曼、巴林等地派驻称作瓦利的行政官员，但是他们大多只能采用劝说和协商的方式，缺乏必要的强制手段，往往形同虚设。哈里发对于地方事务的控制极为有限，集权政治几乎不存在。③

伊斯兰教的传入深刻改变了阿曼传统社会组织结构，在部落认同之外宗教认同成为阿曼社会形成新的组织形态的基础。伊斯兰教传入后，其教义教法在很大程度上调和了各部落之间的矛盾，在宗教认同基础上建立超越部落利益的国家成为可能。伊斯兰教也深刻改变了阿曼传统社会的意识结构，伊斯兰教在履行社会管理职能过程中，伊斯兰教义教法逐渐被阿曼人接受，成为传统社会的意识结构的一部分。伊斯兰教传入阿曼初期使阿曼传统社会发生了很大的改变，团结了各部落的力量，而真正实现伊斯兰教政治主张的是伊巴迪教派。

三、伊巴迪教派巩固宗教意识的地位

伊巴迪教派（المذهب الإباضي）产生与先知穆罕默德去世后继承问题的分歧直接相关，部分学者将伊巴迪教派划归为哈瓦利吉派（الخوارج）的一支，将

① Allen, Calvin H. , “Oman: the modernization of the sultanate”, Westview Press, 1987, p. 25.

② صوت عمان، "إسلام أهل عمان"، https://www.omvo.org/o/s.php? s=91.

③ 哈全安：《中东现代化进程中的世俗政治与宗教政治：以埃及、伊朗和土耳其为例》，中国社会科学出版社2017年版，第15页。

伊巴迪教派产生划归于哈瓦利吉派，帕特里夏·里索（Patricia Risso）认为早期伊巴迪教派是哈瓦利吉派的一支。[①] 而也有学者认为伊巴迪教派不属于哈瓦利吉派，是独自产生发展壮大的教派。历史学家艾哈迈德·穆阿麦里（أحمد المعمري）记载，伊巴迪教派不承认自己是哈瓦利吉派，伊巴迪教派是出现于巴士拉的伊斯兰教团体，但最早形成于麦地那；阿曼的一句俗语讲述了伊巴迪教派的缘起："在麦地那生蛋，在巴士拉孵化，在阿曼腾飞"。[②] 虽然学者对于伊巴迪教派是否属于哈瓦利吉派存在不同看法，但都认为伊巴迪教派的源头是先知穆罕默德的再传弟子贾比尔·本·扎伊德（جابر بن زيد）。

贾比尔出生于阿曼尼兹瓦（ولاية نزوى）附近的一个村庄，当时尼兹瓦是阿拉伯的知识中心和文化中心，后来也是阿曼的首都。少年贾比尔喜爱读书求知若渴。在家乡尼兹瓦完成学习后，成年的贾比尔到伊拉克的巴士拉学习。公元 7 世纪，巴士拉是伊斯兰教的知识中心，聚集着大批伊斯兰教学者，贾比尔跟随迁士和辅士深入学习了伊斯兰教经典、《圣训》和教法学，成为先知穆罕默德的再传弟子。贾比尔一生大部分时间都在巴士拉度过，对伊斯兰教教义和教法有深入的研究，他的著作《贾比尔集》（ديوان جبار）是一部伊斯兰教研究的百科全书式的典籍。贾比尔作为宗教权威被推荐给哈里发，他的思想和主张为建立伊斯兰国家提供了理论依据。

虽然贾比尔主要在巴士拉生活，但是他的学生和追随者们遍布阿拉伯各个国家，特别在阿曼有很多贾比尔学说的追随者。当时巴士拉是伊斯兰教哈瓦利吉派（الخوارج）的中心，吸引了很多怀有理想、反对社会不公、准备发声的青年。其中就有阿卜杜拉·本·伊巴迪·塔米米·穆哈迪鲁（عبد الله بن إباض التميمي المنحدر），阿卜杜拉来自阿拉伯半岛上赫赫有名的塔米米部落（قبيل تميم），定居在伊拉克南部的巴士拉师承贾比尔。阿卜杜拉创立了伊

---

① Patricia Risso, "Oman and Muscat: An Early Modern History", New York: St. Martin's Press, 1986, p. 22. 转引自韩志斌、高文洋：《阿曼伊巴迪教派：历史生成与践行影响》，《世界宗教文化》2018 年第 6 期，第 33 页。

② سرجي بليخانوف،"مصلح على العرش قابوس بن سعيد سلطان عمان"،الطبعة الثانية مسقط،2005م،ص56.

巴迪教派，认定其老师贾比尔为伊巴迪教派的首位伊玛目。

伊巴迪教派的早期历史与阿拉伯半岛上的政治形势密切相关，在四大哈里发末期和伍麦叶王朝前期，围绕阿拉伯伊斯兰国家权力斗争日趋激烈。伊巴迪教派回答了很多紧迫的时代问题，比如伍麦叶王朝的合法性、伍麦叶王朝的统治方式与拜占庭和波斯的异同、伊斯兰治理的本质等，因此伊巴迪教派吸引了很多支持者。伊巴迪教派抗议伍麦叶王朝的统治，反对伍麦叶王朝统治者将自身与四大哈里发相比，认为自己是正义与真理的化身。

四大哈里发对阿曼实行包容的政策，阿曼向哈里发缴纳税款，哈里发给予当时的阿曼统治者——朱兰达及其后代完全管理阿曼内部事务的权力。而第四任哈里发阿里死后，穆阿维叶得到伊斯兰国家的领导权，国家首都也从伊拉克的库法（الكوفة）迁到沙姆地区的大马士革（دمشق الشام），阿曼则成为伍麦叶帝国的边远地区，当时的形势并不明朗，阿曼统治者采取观望态度。而穆阿维叶·本·艾比·苏富扬（معاوية بن أبي سفيان）全面掌权之后，阿曼统治者将天课交给大马士革。

穆阿维叶家族建立伍麦叶王朝后，伊斯兰帝国多地爆发起义，反抗伍麦叶王朝的统治。在伊拉克和阿拉伯半岛西部的起义很快被镇压下去，而在阿曼和也门山区的伊巴迪教派反抗力量击败了伍麦叶王朝的军队，这是伊巴迪教派第一次展现其实力并阻止了伍麦叶军队控制阿拉伯半岛南部。

伊巴迪教派在阿曼发展壮大增强了阿曼人对伊斯兰教的宗教认同，特别是伊巴迪教派领导阿曼人抵抗伍麦叶王朝的统治，进一步团结了阿曼各部落的力量，展示出宗教动员的优势，使宗教作为社会组织结构与部落进一步融合。在社会意识结构上，伊巴迪教派反对伍麦叶王朝的集权统治，唤醒了阿曼各部落团结一致和独立自主的意识，为实现伊巴迪教派的政治理想建立神权国家提供了思想先导。

第二节 改造传统社会意识适应现代发展

卡布斯苏丹在推动社会领域改革过程中，充分尊重阿曼的文化传统，保留阿曼社会传统特征，又赋予文化传统的时代性特征，加强阿曼社会传统基础与现代社会的联系，使文化传统在社会转型进程中发挥积极作用。阿曼社会转型的路径将阿曼的历史传统（主要是部落传统和宗教传统）和文化价值高度抽象，将其作为阿曼复兴的文化符号和精神指引，通过建立现代教育体系加强阿曼国民身份认同，建立现代的医疗卫生体系和社会保障体系改变社会公共服务的主体，使部落因素和宗教因素对社会活动的影响逐渐减少，随着社会分工的精细化和人员流动性加强，传统社会结构在加速解体，阿曼人的现代性在社会流动过程中逐步生成。

一、保留传统文化的精神内核

卡布斯苏丹将阿曼传统文化作为阿曼复兴的精神内核，传统文化是构成阿曼民族国家的意识基础，也是凝聚各方力量参与国家建设的重要手段。关于传统文化的继承，卡布斯苏丹更多保留了阿曼传统文化的形式，注入现代阿曼的时代内涵，最大限度地减少部落因素和宗教因素对社会转型的负面影响，更好地适应国家转型带来的变革，团结部落力量和宗教力量更积极主动参与到社会转型进程中。卡布斯苏丹采取很多措施继承了阿曼传统文化中的积极因素，同时积极引导传统文化与现代社会相适应，消解宗教领袖和部落首领对国家转型的恐惧和疑虑。

第一，兴建卡布斯大清真寺，确立伊斯兰信仰在阿曼现代社会中的地位。1992 年，卡布斯苏丹下令在首都马斯喀特兴建卡布斯大清真寺，历时

6年于2001年落成，它是阿曼最大的清真寺。[①] 卡布斯大清真寺是具有浓厚阿曼风格的建筑艺术瑰宝，是苏丹国伊斯兰信仰的象征，表明阿曼在国家转型进程中对深植于阿曼人心中伊斯兰信仰的尊敬，也是团结阿曼穆斯林的象征。

第二，苏丹每年对全国进行年度巡访，保持与阿曼民众经常性的联系。年度巡访是伊斯兰帝国哈里发彰显权力的历史仪轨，一方面显示统治者与底层穆斯林保持密切联系，另一方面显示哈里发作为帝国元首对国家各地的统治权威。卡布斯苏丹上台之后，继承了这一伊斯兰君主的仪轨，年度巡访一般在6—8周时间。在巡访期间，卡布斯苏丹查访阿曼民众的生活情况，内陆地区的城市、乡村和沿海地区都是巡访目的地。卡布斯苏丹年度巡访走遍阿曼的山区、谷地和高原。巡访期间，许多内阁部长陪同，阿曼民众将苏丹的年度巡访作为表达诉求的重要途径，苏丹在巡访途中解决民众反映的问题。苏丹的年度巡访制度保留了阿曼的宗教传统和部落传统，成为拉近君主与民众关系的典范。2013年1月27日，卡布斯苏丹到内陆省接见当地的部落谢赫、宗教领袖和内陆省官员，这是卡布斯苏丹最后一次的年度巡访。[②]

第三，推行“阿曼化”政策，促进社会分工精细化，提升阿曼人力资源的本地化。在推动阿曼国家转型过程中，卡布斯苏丹提出“阿曼化”的政策，核心就是在最大的范围内发动阿曼人参与国家建设，特别是提高阿曼人在政府机构和各类私营机构中的任职比例。这一政策保障了阿曼公民就业的基本权利，向公民提供工作岗位提升就业率，在客观上促进了阿曼社会从传统的部落结构向社会分工高度精细化的现代社会转型。2006年，

---

① صوت عمان،10من مارس،عام2015، https：//www. omvo. org/o/s. php? s =8（上网时间：2019年9月5日）

② "أول وآخر جولات السلطان قابوس بن سعيد"،14 من يناير،عام2020، https：//www. atheer. om/archives/514913/%D8% A3% D9% 88% D9% 84 – % D9% 88% D8% A2% D8% AE% D8% B1 – % D8% AC% D9% 88% D9%84% D8% A7% D8% AA – % D8% A7% D9% 84% D8% B3% D9% 84% D8% B7% D8% A7% D9% 86 – %D9% 82% D8% A7% D8% A8% D9% 88% D8% B3 – % D8% A8% D9% 86 – % D8% B3% D8% B9% D9%8A% D8% AF/（上网时间：2020年2月25日）

在各类公共机构和私营机构中，阿曼人的任职比例达到85%，处于所有海湾阿拉伯国家的首位。阿曼在吸引境外投资的同时，降低外国雇员比例，提高阿曼人力资源的替代率。①

第四，及时解决社会转型过程中出现的社会问题。阿曼沿海地区有丰富的旅游资源，发展旅游经济吸引了阿拉伯和其他国家游客到沿海景区游玩。大批外国游客到阿曼沿海地区引起当地宗教保守人士的不满，保守势力认为大批外国游客到沿海地区给阿曼青年带来负面影响。政府针对沿海旅游地区制定了相应的政策，既保护了旅游经济的发展增加财政收入，又使宗教保守人士接受阿曼逐步开放的发展趋势。同样，阿曼青年在结婚时彩礼过高，成为阿曼的社会问题，高价彩礼与部落传统婚俗密切相关。卡布斯苏丹与部落谢赫和社会知名人士展开对话，说明高价彩礼对青年人造成负担，成为青年人组建家庭的阻碍，同时号召阿曼女性要自食其力，在各领域发挥自身作用，减少高价彩礼的负面社会影响。卡布斯苏丹通过对话的形式向阿曼社会传递改革信号，同时避免遭到保守势力的批评。

第五，保护阿曼文化遗产，突出阿曼的民族特色。阿曼的文化遗产数量众多、种类丰富，历史古迹在全国都有分布。卡布斯苏丹重视历史遗迹的保护，历史遗迹是阿曼悠久灿烂文明的见证，也是阿曼民族特色的重要表现，保护好阿曼文化遗产就是保护阿曼民族国家共同的文化基础。阿曼的民族服装也是民族传统文化的重要标志，卡布斯苏丹经常穿着民族服装，在阿曼国内传统民族服装属于正装，卡布斯苏丹在会见外国元首、参加国际会议等正式场合也穿着阿曼传统民族服装，突出阿曼的民族特色，彰显阿曼人对文化传统的继承和发扬。

---

① الدكتور مسعود ضاهر،"الاستمرارية والتغيير في تجربة التحديث العمانية"،دار الفارابي: بيروت – لبنان،الطبعة الأولى،عام 2008،ص133-134.

二、推动宗教改革与现代社会相适应

宗教在传统社会中构成信仰和文化的基础，在传统社会向现代社会转型的过程中，宗教一定程度上决定着意识结构、经济结构的转变。关于宗教对社会转型的影响，马克思·韦伯提出著名的“韦伯命题”。在《新教伦理与资本主义精神》中韦伯认为，基督教新教的教义是西方世界理性化的原动力之一，促使资本主义价值精神的产生和发展，西方现代化在很大程度上受益于新教的宗教特质。韦伯同时考察了东方的佛教和儒教，并认为佛教和儒教无法促成资本主义精神的产生。韦伯对于佛教和儒教与现代化之间关系的理解有其时代局限性，但他提出的宗教对传统社会向现代社会转型的影响是非常重要的命题。伊斯兰教对社会转型的影响是全面而深刻的，在伊斯兰背景下的国家转型无法使用“韦伯命题”一样简洁的表述方式加以概括。在伊斯兰国家转型进程中，土耳其推行世俗主义完成社会转型，而伊朗在爆发伊斯兰革命后社会转型被迫中断。对阿曼而言，伊斯兰教特别是伊巴迪教派的学说已经成为阿曼传统文化和价值观的重要内容，在传统社会向现代社会转型的过程中，宗教中的保守因素与现代社会存在矛盾，积极引导伊斯兰教与现代社会相适应，发挥宗教的积极因素，是实现社会稳定保障改革连续性的重要路径。

在阿曼传统社会中，宗教承担着社会治理和社会服务的双重功能，特别是伊巴迪教派建立了伊玛目国后，伊玛目制度成为传统社会的政治制度。卡布斯苏丹推行阿曼社会转型，无法参照土耳其推行世俗主义的模式，因为阿曼社会长期封闭，自由开放的现代社会观念还没有普及，缺少社会转型的群众基础。同时在阿曼很多地区，宗教治理仍然是主要的治理方式，推行社会转型措施缺少政治基础，此外国家在转型起步阶段面临巨大的财政困难，缺少经济基础。所以，卡布斯苏丹采取渐进的方式逐步推动宗教与现代社会相适应。在卡布斯苏丹执政之初团结宗教力量，以伊斯兰信仰增强阿曼公民的国家认同，更为重要的是以伊斯兰信仰对抗活动在佐法尔地区的左翼武装力量主张的社会主义意识形态。在佐法尔战争取得胜利后，直到《国家基本法》颁布，卡布斯苏丹逐步将宗教治理承担的管理服务职能转移到新型政府机构，包括推动司法独立、管控宗教教育、创建伊斯兰文化研究中心等措施。

第一，建立宗教事务部，政府主导管理宗教事务。1971 年阿曼建立宗教基金和宗教事务部（وزارة الأوقاف والشؤون الدينية），承担管理全国宗教事务的职能，原来各地区自发自主的宗教活动和宗教事务开始受到政府的监管，宗教事务部在全国各地设立管理局负责伊斯兰和穆斯林服务工作；捐赠管理局接受宗教捐赠并管理宗教基金；宣教指导局负责一切传播伊斯兰教的事务，包括组织讲座、宗教研究、朝觐事务、宗教书籍印刷等。①

第二，设立大穆夫提职务，解决社会转型出现的新问题。1973 年设立大穆夫提（المفتى العام）② 职务，艾哈迈德·本·穆罕默德·哈利利（أحمد بن محمد الخليلي）担任大穆夫提。③ 艾哈迈德的父亲是伊玛目穆罕默德·本·阿卜杜拉·哈利利（محمد بن عبد الله خليلي），曾与泰穆尔苏丹达成保持伊玛目国与苏丹国和平协议。同时，大穆夫提由苏丹任命与选举产生的伊玛目性质不同，大穆夫提在苏丹领导的政府体系下负责对社会转型过程中出现的新问题给出教法解释，使宗教更加主动适应社会发展带来的变革，改变了历史上伊玛目与苏丹权力争夺引发国家动荡的局面。卡布斯苏丹任命艾哈迈德·哈利利为大穆夫提，充分考虑到哈利利家族的宗教影响力，哈利利家族曾产生多位伊玛目，对阿曼的穆斯林特别是伊巴迪教派的穆斯林具有很强的影响力和号召力。

第三，推动司法独立，将司法职能从宗教中剥离。宗教事务部在建立

---

① وزارة الأوقاف والشؤون الدينية، https：//www. mara. gov. om/arabic/Pages. aspx? ID = 1&MID = 47（上网时间：2019 年 9 月 5 日）

② 穆夫提为伊斯兰教教职称谓，阿拉伯语音译，意为“教法说明人”。对各类新问题、新案件的诉讼提出正式的法律意见，作为判决的依据。在现代，埃及、也门、阿曼等伊斯兰国家仍设有国家级总穆夫提或大穆夫提，负责有关教法问题的解答，参与国家重大决策活动。引自中国伊斯兰百科全书编委会编：《中国伊斯兰百科全书》，四川辞书出版社 1994 年版，第 383 页。

③ Jeremy Jones，“A history of modern Oman”，Cambridge University Press，2015，p. 175.

之初具备司法职能，1997 年根据卡布斯苏丹颁布的第 84/97 号皇家御令，将司法职能从宗教事务部中分离出来，由新组建的司法部履行司法职能。① 司法职能从宗教事务部中分离出来，有助于推动司法独立和司法公正。但伊斯兰教法仍是阿曼的法律基础，司法体系是由伊斯兰教法和《国家基本法》为核心的法律体系构成的，司法人员需要学习伊斯兰教法。

第四，明确公民教育与宗教教育的关系。卡布斯苏丹重视阿曼的公民身份教育，确立公民教育的首要地位。宗教事务部的使命就是“塑造注重宗教方面的合格公民”。② 在国民教育体系中，学校将对学生的公民身份教育放在首位，并将伊斯兰的宗教信仰作为阿曼公民身份的一部分；明确了公民教育与宗教教育之间的关系，避免了身份认同差异引发的教育争夺战。1971 年内阁设立教育部，教育部规定在义务教育阶段的 1—12 年级宗教课程是必修内容，宗教课程的比例随着年级上升逐渐减少但仍占有很大比例。完成义务教育阶段的学习后，学生可以选择接受宗教教育，由学校与清真寺联合培养。政府建立了四所伊斯兰研究院，提供四年制的宗教学历教育。1995 年，学校与清真寺联合培养的宗教教育形式终止，1998 年宗教学历教育也中止。③

第三节　发展全民教育培育现代社会主体

在阿曼启动国家转型进程前，阿曼社会仍处于中世纪的发展水平，

① وزارة الأوقاف والشؤون الدينية، https：//www. mara. gov. om/arabic/Pages. aspx？ ID = 1&MID = 47.（上网时间：2019 年 9 月 5 日）

② وزارة الأوقاف والشؤون الدينية، https：//www. mara. gov. om/arabic/Pages. aspx？ ID = 31&MID = 48.（上网时间：2019 年 9 月 5 日）

③ Jeremy Jones，“A history of modern Oman”，Cambridge University Press，2015，p. 176.

“文盲、疾病和贫困是所有阿曼人的生活方式”。[①] “文盲是处在政治之外的，必须先教他们识字。不识字就不可能有政治，不识字只能有流言蜚语、谎话偏见，而没有政治。”[②] 无论采取怎样的政治体制和发展道路，提高民众文化教育水平，培养具备专业技能的劳动力群体，才能培育现代社会主体激发社会转型的最大活力。阿曼在 1970 年全国仅有 3 所学校，学生人数不到 900 人，两所学校在马斯喀特，一所学校在萨拉莱。卡布斯苏丹在上台执政后优先发展教育，建立阿曼国家教育体系，阿曼全国学校数量在较短时间内迅速增长。

卡布斯苏丹在 1972 年 11 月 18 日国庆节讲话中再次强调了教育对阿曼复兴的重要性，决心大力发展教育，提升国民文化水平。

> “我们的远大目标就是让我们的国家再次光荣。我们的目标就是见证阿曼在 20 世纪下半叶的复兴，让阿曼的文化在阿拉伯兄弟中占有一席之地。我们阿曼人民会过上幸福体面的生活。在我们国家前进的道路上，我们的复兴计划基于现实，并向全世界开放，阿曼文明是这个世界不可或缺的一部分。我们应该从现有的基础出发，而阿曼人民就是最大的基础。在此之前，阿曼一直在封闭落后的发展道路上，我们将把阿曼带到有尊严的道路上。同时，我们还肩负着保卫阿曼防止分裂的重要职责，复兴阿曼的古老文化，让阿曼人感受到国家文化的厚重和强大的凝聚力。教育一直是我最关心的问题，我认为必须把兴办教育作为头等大事来抓。哪怕就是在树阴下教学，也要把教育办下去。”
>
> “教育部已经全力以赴开办学校，1970 年全国仅有 3 所学校，在

① Allen, Calvin H., “Oman: the modernization of the sultanate”, Westview Press, 1987, p. 101.

② 摘自列宁在全俄政治教育委员会第二次代表大会上的报告——《新经济政策和政治教育委员会的任务》（1921 年 10 月 17 日），引自苏联教育科学院编，华东师范大学《列宁论教育》辑译小组辑译：《列宁论教育（下）》，人民教育出版社 2001 年版，第 290 页。

校生有900人。1971年全国开办16所学校，在校生达7000人。1972年，我们学校的数量将达到45所，在校生规模达1.5万人。”①

在优先发展教育的政策下，阿曼国内学校数量迅速增长，但办学条件和教学质量参差不齐，有的学校已经建起现代化的校舍，而在偏远地区还存在“树阴学校”“露天学校”。

一、建立覆盖全体公民的教育体系

阿曼的教育体系由两部分构成：一部分是政府创办的各类学校，向所有阿曼公民提供免费教育；另一部分是民营资本投资的营利性教育机构。公立学校教育体系包括基础教育第一阶段（1—4年级）、基础教育第二阶段（5—10年级）、后基础教育阶段（11—12年级）。虽然阿曼的基础教育不是义务教育，但所有阿曼学龄儿童都免费接受基础教育，公立学校内开设课程及使用教材由教育部统一指定，85%的学龄儿童在公立学校接受教育。阿曼的民办教育主要包括四类：少数民族学校、双语学校、私营学校等。民办学校作为企业招生办学，15%的学龄儿童在民办学校就读，民办学校的外国课程由外籍教师授课。经济条件较好的家庭或对双语环境有要求的家长，选择送孩子到民办学校就读。②

到20世纪80年代中期，阿曼全国小学、中学教育体系建成，创办卡布斯苏丹大学开始推动高等教育发展。1984年，全国各类学校共518所，在校学生达17万人，师资人数将近8000人，在国外留学生有2000余人。③

① الدكتور مسعود ضاهر،"الاستمرارية والتغيير في تجربة التحديث العمانية"،دار الفارابي: بيروت – لبنان،الطبعة الأولى،عام 2008،ص93 .

② Al－Ani，Wajeha.，“Alternative education needs in Oman：accommodating learning diversity and meeting market demand.” International Journal of Adolescence and Youth，Vol. 22，No. 3，2017，pp. 322－336.

③ 世界知识年鉴编辑委员会编：《世界知识年鉴（2001—2002）》，世界知识出版社2001版，第26—27页。

1985年，全国90%的学龄男童和60%的学龄女童进入学校学习，全国560所学校在读人数超过20万人。① 阿曼实行免费教育制，在全国开展扫盲和成人教育。1996年，全国有扫盲中心254个，参加学习人数达4014人，计划到2000年消除文盲；全国有成人教育中心192个，培养国家急需专业人才，参加学习人数6782人。1997年教育投入经费为2.637亿里亚尔。2000年全国共有各类中小学校995所，在校学生达55万人。② 2015—2016学年，阿曼全国共有1068所公立学校，入学率达到98%，已经实现学校教育的男女平等。③ 2017—2018学年，阿曼全国共有在校学生588339人，其中男生295935人，女生292404人。④

1980年11月，在第十个国庆节讲话中，卡布斯苏丹宣布将建立阿曼第一所大学——卡布斯苏丹大学。1982年学校建设开工，1986年正式落成招收第一批学生，建校时设有五个学院——医学院、工学院、农学院、教育学院和科学学院，1987年设立艺术学院，1993年设立商业和经济学院，2006年设立法学院，2008年设立护理学院。⑤ 2016—2017学年，卡布斯苏丹大学共招收15278名学生，其中超过99%为阿曼人，国际留学生128人，约占学生总数的1%。⑥

随着基础教育的普及，越来越多的中学毕业生有继续接受高等教育的需求，而公立大学招生规模有限，升学竞争越发激烈。同时，阿曼高等教育没有收取学费的传统，入学人数的增加给公立大学带来巨大的压力。为了缓解公立大学的压力，阿曼政府开始推动高等教育市场化改革，为私营

① Allen, Calvin H., "Oman: the modernization of the sultanate", Westview Press, 1987, p. 101.

② 世界知识年鉴编辑委员会编：《世界知识年鉴（2005—2006）》，世界知识出版社2006年版，第44页。

③ وزارة الإعلام، "عمان"، 2017م، ص190-192.

④ وزارة الإعلام، "عمان"، 2017م، ص198.

⑤ "About SQU", https://www.squ.edu.om/About-SQU/About-SQU/GeneralInfo/Campus-Profile.（上网时间：2021年11月30日）

⑥ وزارة الإعلام، "عمان"، 2017م، ص206.

资本进入高等教育市场提供政策便利，政府为校园建设提供合适土地，并提供高达 50% 最高限额为 300 万里亚尔的股权融资，私立大学还享受税收和关税的免除政策，减轻私立大学负担。2003 年阿曼政府批准建立第一所私立大学苏哈尔大学，[①] 到 2017 年阿曼共有 20 所私立学院、8 所私立大学，共有在校生 70294 人。[②]

二、制定面向现代的教育方针

阿曼教育方针作为指导阿曼全国教育部门发展的纲领性文件，最早于 1978 年制定，且随着国家发展战略的调整，阿曼教育方针不断修订，以适应国家发展需求，提高教育质量。2012 年卡布斯苏丹颁布第 48/2012 号皇家御令，组建教育委员会负责制定涵盖各阶段教育的政策，指导全国各类教育机构，起草国家教育方针。阿曼教育方针是教育委员会在卡布斯苏丹的指示下，以拥戴苏丹、公民身份、伊斯兰信仰为核心，指导全国教育机构保障办学方向的重要指引。2017 年 5 月，卡布斯苏丹批准了修订后的阿曼教育方针，该方针概述了阿曼的教育理念，是制定教育政策的基础，也是课程计划和教师培训方案的主要参考。

2017 版阿曼教育方针中的思想来源主要有十个方面：第一，伊斯兰教。阿曼社会建立在伊斯兰教的原则之上，包括意识形态、信仰和行为规范。第二，卡布斯苏丹的教育思想。卡布斯苏丹对于阿曼的教育和人力资源发展提出了重要的规划。卡布斯苏丹强调全面经济发展取决于教育系统的改革和标准的设定。第三，《国家基本法》。国家基本法第 13 条规定，国家应该努力普及教育并提高全民文化水平，促进科学思想、激发研究精神。第四，阿曼历史。阿曼现存多处古文明遗迹，在各个不同历史时期阿

① 世界知识年鉴编辑委员会编：《世界知识年鉴（2005—2006）》，世界知识出版社 2006 年版，第 44 页。

② وزارة الإعلام، "عمان"، 2017م، ص202.

曼曾是重要的经济中心，独特的地理位置促使不同文明在阿曼交流。阿曼的现代复兴是以繁荣的历史为基础，教育新一代了解阿曼过去的历史成就。第五，阿曼社会特征、需求和期望。阿曼社会特征源于伊斯兰教，具有公平正义、和平博爱等特点。教育的目标在于巩固阿拉伯归属感和民族团结的价值观，不断进步实现全面发展，满足阿曼人民对美好生活的期望。第六，国家未来愿景。阿曼制定"五年计划"实现可持续发展，了解国家发展战略能够调动人力资源参与技术和知识发展，发挥人才资源的特殊作用。第七，现代教育思想。现代教育思想被融入到阿曼的教育方针，包括终身学习、技能培训、人力资源发展和提升劳动力素质等方面。第八，学习者的特征。在教育系统设计和课程开发过程中，针对学习者的身心条件和社会特性划定不同阶段，向学习者提供知识和技能的支持。第九，国际公约和宪章。阿曼教育方针承认国际公约和宪章，加强对全球的认识和关注，遵守保障人权以及妇女和儿童权利的国际公约和宪章。第十，当代国际形势。当今世界面临着很多全球性问题，涵盖政治、经济、社会和思想等领域，引导民众在伊斯兰信仰和阿曼民族认同基础上形成认识这些问题的积极态度。①

阿曼教育方针确定了十六项原则和目标，主要内容包括：第一，学习者的全面成长。培养学习者健全人格、满足各阶段的知识需求、加强学习者的审美教育、道德教育、社会教育，实现学习者的全面成长。第二，公民身份认同。形成对国家、阿拉伯人和伊斯兰身份的认同感，帮助学习者精通阿拉伯语，鼓励学习者以阿拉伯语、阿曼公民身份和国家历史感到自豪，继承发扬阿曼文化，加强公民价值观教育，保持社会传统与现代发展

① SULTANATE OF OMAN, "The Philosophy of Education in the Sultanate of Oman", 2017, pp. 14 – 17, https：//mohe. gov. om/userupload/PDFs/% D9% 81% D9% 84% D8% B3% D9% 81% D8% A9% 20% D8% A7% D9% 84% D8% AA% D8% B9% D9% 84% D9% 8A% D9% 85% 20% D9% 81% D9% 8A% 20% D8% B3% D9% 84% D8% B7% D9% 86% D8% A9% 20% D8% B9% D9% 85% D8% A7% D9% 86 – % D8% A7% D9% 86% D8% AC% D9% 84% D9% 8A% D8% B2% D9% 8A. pdf.（上网时间：2020年12月30日）

之间的平衡，明确对国家和社会的权利和义务。第三，爱国主义教育。增强对国家的归属感和对苏丹的忠诚，促进对国家法制的信念，增强阿曼各民族之间的团结，尊重阿曼的国旗和国歌，提高保卫国家的意识。第四，良好的价值观和行为。巩固伊斯兰价值观，继承阿曼传统良俗，尊重人类共同价值观，树立尊重知识尊重教师的导向。第五，人权教育。加强尊重人权履行义务的意识，培养关注全球问题的意识，保障公民受教育的权利，加强个人的政治参与权和社会参与权。第六，权利与义务。增强对自己和他人的责任感，坚持法制原则，增强对社会管理和公共秩序重要性的认识，深化对“法治国家和法律部门”概念的理解。第七，“舒拉”教育（协商制度）。培养表达意见和接受建设性批评的能力，加强对“舒拉”原则的理解和认同，提高对选举文化的认识，培养提出建设性意见和合理表达诉求的能力。第八，可持续发展教育。为实现全面发展做出贡献，提高环保意识，增强对合理使用自然资源的意识，为保护阿曼文化遗产做出贡献，促进可持续的健康生活方式，倡导合理的消费文化。第九，教育是国家责任，需要全民参与。教育需要家庭、学校、清真寺、媒体和其他机构共同参与，发挥家庭教育的重要作用，巩固私营部门在教育中的作用，促进媒体在教育中的作用。第十，向全民提供优质教育。阿曼强调向全民提供高质量教育的重要性，在所有教育机构中树立起质量意识，培养全民对教育重要性的认识，努力实现高质量教育，持续评估教育机构，提升教师素质改善教学质量和水平。第十一，教育与工作。教育在人才培养目标与社会发展需求和劳动力市场需求应保持一致，加强理论知识的实际应用，培养基本的工作技能，倡导敬业精神，增强个人在劳动力市场的竞争力。第十二，知识和技术型社会。增强处理信息和技术的能力，鼓励创造、传播、应用新知识和新技术，提高对信息安全及相关网络安全重要性的认识，鼓励创造和发展本土知识。第十三，研究与创新。研究能力是现代教育思想中最重要的原则，培养学习者的研究技能，激发思考和创新能力，支持有潜力的研究人员和青年学者。第十四，创业精神。创业精神是经济增长和可持续发展的主要动力之一，鼓励年轻人在不同领域内创业，培养创业技能。第十五，和平与相互理解教育。尊重文化多样性，促进社会各阶层之间的团结和理解，支持不同文化之间的相互对话与和解。第十六，终身学习。教育是连续的过程，不会在某个阶段结束，提供终身学习的机会，发展自主学习和终身学习的技能，发展文化中心和公共图书馆提升终身学习的作用。①

三、发展职业教育与特殊教育适应转型

随着国民教育体系的不断完善，阿曼政府在推动全民教育过程中，针对有特殊需求的群体提供专门的教育服务，其中包括提升劳动力素质的职业教育和向有身体障碍的学习者提供的特殊教育。职业教育针对面向劳动力市场的特定人群，职业技能的培训可以加速劳动力由传统产业部门向现代产业部门流动，也可以进一步细化社会分工，满足传统社会向现代社会转型对劳动力的需求。

阿曼的职业教育与市场需求紧密对接，教育部制定了培训和进修计划，根据不同需求和劳动力水平定制课程，采取集中培训或分散培训的形式。2016 年，共有 135 个集中培训项目，有 6122 人参加集中培训；共有 625 个分散培训项目，有 32258 人在各地区参加培训。②

阿曼在 20 世纪 70 年代开始推行扫盲运动，也是国家教育战略的重要部分。成人教育承担了扫盲运动的主要任务，2014 年阿曼全社会的文盲率为 8%，2015 年下降到 7.1%，③ 随着文盲率的下降成人教育转向技能培训

① SULTANATE OF OMAN，“The Philosophy of Education in the Sultanate of Oman”，2017，pp. 20 – 28，https：//mohe. gov. om/userupload/PDFs/% D9% 81% D9% 84% D8% B3% D9% 81% D8% A9% 20% D8% A7% D9% 84% D8% AA% D8% B9% D9% 84% D9% 8A% D9% 85% 20% D9% 81% D9% 8A% 20% D8% B3% D9% 84% D8% B7% D9% 86% D8% A9% 20% D8% B9% D9% 85% D8% A7% D9% 86 – % D8% A7% D9% 86% D8% AC% D9% 84% D9% 8A% D8% B2% D9% 8A. pdf. （上网时间：2020 年 12 月 30 日）

② وزارة الإعلام،"عمان"،2017م،ص194.

③ وزارة الإعلام،"عمان"،2017م،ص195.

的方向。成人教育与学历教育各阶段平行，从七年级开始就有相关课程，各地根据个人申请报名开设成人教育中心，以集中授课或函授的方式进行，2015—2016 学年，全国共有 19277 人参加成人教育项目。[①]

对于需要特殊教育的学习者群体，阿曼教育部建立了 3 所特殊教育学校提供高质量的教育资源，包括专业师资、教学设施、校舍配套等。2015—2016 学年，3 所特殊教育学校共招收 487 名学生，同时还有 1675 名有特殊需求的学生在全国的 214 所正规学校学习。除了特殊教育学校外，教育部还制定了专项计划保障需要特殊教育服务的学习者权益。在基础教育学校实行“教育融合计划”，为有听力障碍和智力障碍的学生提供单独的教室学习。“学习障碍计划”针对有语言和拼写障碍的学生，为他们提供学习能力上的支持和帮助，改善他们的口头和书面表达能力，该计划自 2004—2005 学年开始实施，到 2015—2016 学年全国已有 613 所学校参与项目。[②]

第四节　建立全面覆盖的医疗体系保障民生

完善的民生保障体系是现代社会的主要特征，除了覆盖全民的国民教育体系外，与民众生命健康息息相关的医疗体系也是社会转型的重点。卡布斯苏丹在推动社会转型中将提高阿曼医疗卫生保障能力作为保障民生推动转型的重要内容。

1970 年，阿曼全国仅有 1 家美国传教士开办的医院，共有 12 张床位，还有 9 家政府开办的医疗中心。当时的医疗机构数量无法为阿曼民众提供医疗保障服务，加之底层民众极端贫困的生活条件，很多病患难以得到有效治疗。卡布斯苏丹执政后，将发展医疗卫生事业作为最大的民心工程全

① وزارة الإعلام،"عمان"،2017م،ص195.

② وزارة الإعلام،"عمان"،2017م،ص194.

力推进，将国民健康放在首要位置，保障公民健康权，阿曼全国医疗机构数量在短时间内有了迅速的增长，为建立起覆盖全国的医疗保障体系打下基础。

卡布斯苏丹在1972年11月18日国庆节讲话中，提到医疗机构建设的情况。

> “1970年全国有10家诊所和9家卫生中心，1971年全国有15家诊所、15家卫生中心和6家医院。今年（1972年）全国将有25家诊所，3家卫生中心升级为医院，医院总数将达到12家。全国医生数量也从1970年的12名增加到今年的54名。”①

在1974年11月18日的国庆节讲话中，卡布斯苏丹提出将国民健康放在首位，强调保障公民健康权的重要性。

> “在卫生领域，国家将国民健康放在首要位置，提出健康是每个公民的权利，1974年，全国已经建成79家医院，共有1200张床位。而1970年，全国仅有12张床位。”②

在20世纪70年代，阿曼面临很严峻的公共卫生问题，70代初期全国有95%的人口受沙眼困扰，并出现疟疾、霍乱等疾病。卡布斯苏丹提出预防胜于治疗，要求重视传染病的防治工作。阿曼政府与世界卫生组织和联合国儿童基金会合作，开展全国公共卫生体系建设，在全国范围内消灭了霍乱，沙眼的发病率降低到5%，各地卫生中心的建设也有效控制了疟疾的发生和传播。在马斯喀、萨拉莱和腹地地区基本消灭了传染病的威胁。③

---

① الدكتور مسعود ضاهر،"الاستمرارية والتغيير في تجربة التحديث العمانية"،دار الفارابي: بيروت – لبنان،الطبعة الأولى،عام 2008،ص93.

② الدكتور مسعود ضاهر،"الاستمرارية والتغيير في تجربة التحديث العمانية"،دار الفارابي: بيروت – لبنان،الطبعة الأولى،عام 2008،ص93.

③ Allen, Calvin H., “Oman: the modernization of the sultanate”, Westview Press, 1987, p. 103.

一、制定五年健康发展计划

阿曼政府几十年来持续在医疗卫生领域投入大量资金，短时间内建立起覆盖全国的医疗机构体系，实行全民免费医疗，改善阿曼人整体健康状况。自 1976 年开始，阿曼政府开始实行“五年健康发展计划”，该计划分为三个阶段：第一阶段（1976—1999 年）实施了三个“五年计划”，主要任务是在全国建立卫生服务基础设施，满足阿曼民众对医疗卫生服务的最基本要求；第二阶段（1991—2005 年）实施了三个“五年计划”，全面审查了全国医疗卫生服务机构的建设情况，在省级行政单位设立卫生服务总局，将卫生服务管理权限下放，2000 年赋予医院自主管理权，继续增加医疗卫生服务机构数量，提升医疗服务水平，建立卫生机构人员培训制度，对医疗辅助领域专业人员进行培训；第三阶段（2006—2015 年）实施了两个“五年计划”，制定国家健康愿景，中央政府和各省政府制定了详细的“政府实施计划”，加强了中央职能部门与地方政府的协同配合，提高国民整体健康水平。① 阿曼第九个“五年健康发展计划”（2016—2020 年）标志着阿曼医疗卫生事业的新起点，该计划适应阿曼人口变化，适应全球医疗保健和技术模式，着眼未来 30 年的远景规划（“健康愿景 2050”）。“健康愿景 2050”是阿曼制定的国家医疗发展战略，以当前阿曼国内医疗卫生系统为基础，发展到世界领先医疗保健技术水平，并在国内推广应用。②

二、建设国家医疗保障系统

经过 40 多年的发展，阿曼已经建成先进的医疗系统。阿曼的医疗保障

① "التخطيط الصحي"،وزارة الصحة، https：//www. moh. gov. om/ar/health - planning. （上网时间：2019 年 12 月 30 日）

② وزارة الإعلام،"عمان"،2017م،ص208-209.

系统由三级医疗机构构成：初级医疗保健、二级医疗保健、三级医疗保健。分布在各省、各州的医疗中心和地方医院负责承担初级医疗保健功能，重点州的转诊医院负责二级医疗保健功能，马斯喀特省的重点医院负责三级医疗保健功能。马斯喀特省的皇家医院、胡拉医院、纳哈达医院都是能提供全面综合三级医疗服务的重点医疗机构。三级医疗系统的建立极大地改善了阿曼国民的医疗卫生条件，1970 年阿曼婴儿死亡率高达 118‰，1985 年降低至 45‰，到 2015 年下降到 11. 4‰。① 在 2000 年世界卫生组织公布的《世界卫生报告》中，阿曼在世卫组织所有成员国中卫生系统表现指数排名第一。②

覆盖全国的各级医疗机构能够满足阿曼民众的各种医疗需求，截至 2016 年底，阿曼卫生部下属 232 家各类医疗机构，包括 20 家综合医院、29 家地方医院、183 家健康中心（65 家健康中心设有床位，118 家健康中心无床位）；阿曼共有 74 家医院，共有床位 6589 个，平均每万人有 15. 5 个床位；卫生部直属医院 49 家，共有床位 5034 个。③

2017 年 5 月 11 日，阿曼卫生部建成国家医疗保健系统——痊愈（الشفاء），该系统涵盖全国医疗电子记录，通过统一的电子身份码将阿曼各个医疗机构的患者档案联系起来，全国 139 家卫生机构可以使用“痊愈”系统随时查看患者在各地医疗机构的就诊数据，使阿曼民众在全国各地都能及时得到免费医疗，极大地方便了群众向上级医疗机构转诊。同时，“痊愈”系统通过对临床病例的大数据分析，可以检测和管理公众健康情况。④

除了公立医疗保障系统外，阿曼政府鼓励私营资本进入医疗卫生行业，

---

① وزارة الإعلام،"عمان"،2017م،ص211.

② World Health Organization. , “The world health report 2000: health systems: improving performance.” Feb. 7, 2000, https: //www. who. int/whr/2000/en/whr00 _ en. pdf? ua = 1. （上网时间：2020 年 2 月 3 日）

③ وزارة الإعلام،"عمان"،2017م،ص209-211.

④ وزارة الإعلام،"عمان"،2017م،ص210.

作为公共医疗卫生服务的延伸。2016 年阿曼全国共有 19 家民营医院，462 个普通诊所，310 个专科诊所和健康中心，251 个牙科诊所，48 家中医和印度传统医学诊所，72 家医学实验中心，7 个核磁共振中心和 672 家药房。[①]

三、医疗专业人才的“阿曼化”

阿曼在国家医疗体系建设过程中，医疗机构数量迅速增长，同时带来另一个问题，即医疗专业人才的短缺。而阿曼当时还无法自己培养医疗专业人才，绝大多数从医人员是从外国聘请，而来自印度和巴基斯坦的医护人员占了很高比例。1986 年，卡布斯苏丹大学建成，设立医学院开始自己培养临床医学生。阿曼国家医疗保障体系长期依赖外国医务人员，限制了国家医疗体系的进一步发展。阿曼政府着手推进医疗专业人才的“阿曼化”，增加国内医疗专业人才的培养规模，一方面扩大高校医学院的招生规模，另一方面卫生部开办护理和技术学院培养医疗和护理专业人才。2016 年，各高校共培养 3055 名医疗和护理专业学生，卫生部下属各学院共 583 名医疗和护理专业学生，[②] 为阿曼全国各类医疗机构输送了大量自主培养人才，医疗卫生服务队伍不断扩大。除了扩大自主培养人才的规模外，阿曼卫生部为了提升从医人员专业技能，在全国范围内推动医师培训计划，卫生部将从若干选定的医疗机构派遣从医人员攻读硕士、博士学位，不断提升医疗队伍的专业化水平。

第五节　建设社会保障体系加速社会转型

在卡布斯苏丹执政前，传统阿曼社会不存在社会保障制度，绝大多数

---

① وزارة الإعلام، "عمان"، 2017م، ص212.

② وزارة الإعلام، "عمان"، 2017م، ص212.

阿曼人生活水平处于绝对贫困状态。在经济转型启动阶段，阿曼依靠石油产业拉动经济发展，而阿曼劳动力主要集中在传统的农业和渔业领域，劳动力产业化发展缓慢。到20世纪80年代中期，阿曼政府推动经济自由化改革，私营经济开始发展，在第二产业和第三产业中占有重要地位，阿曼劳动力产业化开始加速，脱离了传统的农业和渔业生产。产业工人的出现要求阿曼政府建立现代的社会保障制度，社会保障制度对社会转型具有基础性作用：首先，基本社会保障制度能增强公民的国家认同；其次，完善的社会保障制度促进劳动力产业化，推动第二产业和第三产业发展，对阿曼经济多样化、摆脱石油经济依赖具有积极作用；第三，全覆盖的社会保障制度能加速传统社会向现代社会转型，在生活来源和养老资金得到保障的前提下，能够促进社会分工的进一步精细化，加速传统社会的解构速度；第四，公平的社会保障制度能够维护社会稳定，社会保障制度是政府主导下的财富再分配，减少绝对贫困人口有助于维护社会稳定，减少社会分层出现，纾解社会矛盾。

一、现代社会保险体系

社会保险是社会保障的核心，阿曼社会保险体系建立较晚，保险对象和覆盖范围逐步扩大，参保人数和保险资金逐年提升。阿曼社会保险的保险对象不仅包括在阿曼国内创造社会财富、决定经济发展的劳动群体，还包括在境外就业的阿曼公民。此外，在海合会合作框架下，其他海合会成员国公民在阿曼可以参加社会保险，阿曼国内企业雇佣的外籍员工也可以参加社会保险。

1991年卡布斯苏丹颁布第72/91号皇家御令，公布《社会保险法》，该法案及其修正案于1992年7月1日正式生效。阿曼开始建立社会保险体系，社会保险总局（الهيئة العامة للتأمينات الإجتماعية）负责建立社会保险体系，管理社会保险资金，享有行政和财务上的独立性，在萨拉莱、苏哈尔、尼兹瓦、伊布里（عبري）、布赖米、伊布拉、鲁斯塔克设立分支机构，为偏远地区提供服务。①

阿曼的社会保险制度由四类保险系统构成，涵盖阿曼公民和在阿曼工作的外籍人员。第一类是强制性社会保险系统，根据第 72/91 号皇家御令设立，于 1992 年 7 月 1 日生效，包含养老保险、残疾保险、死亡保险、工伤保险和职业病保险类别。第二类是境外就业的阿曼公民及相应人员保险系统，根据第 32/2000 号皇家御令设立，于 2000 年 1 月 7 日生效，包含养老保险、残疾保险和死亡保险，由参保人自愿参保。第三类是海合会拓展保险系统，根据第 5/2006 号皇家御令设立，于 2006 年 1 月 1 日生效，适用于在本国以外工作的海合会国家公民，包含养老保险、残疾保险和死亡保险，为强制性保险。第四类是阿曼自雇雇员及其同等适用人员保险系统，根据第 44/2013 号皇家御令设立，于 2013 年 1 月 12 日生效，适用于个体经营者、独立企业主、商人及其公司的合伙人，包含养老保险、残疾保险和死亡保险，由参保人自愿参保。②

2017 年阿曼所有保险注册的在职参保人数已达到 233859 人，较 2016 年同期增长 2. 9%，在社会保险系统中注册的在职雇主数量达到 16672 人，较 2016 年同期增长了 1. 3%。截至 2017 年底，累计向 15363 人支付养老金，较 2016 年同期增长 12. 9%。社会保险总局向各类保险受益人支付保险费总额超过 8200 万里亚尔，较 2016 年增幅达 20. 4%。2017 年，社会保险总局管理的保险资金在投资领域实现了 3. 75% 的年回报率。③ 2018 年，阿曼所有保险注册的在职参保人数已达到 509398 人，各类保险系统保险资

① "الهيئة العامة للتأمينات الاجتماعية"，https：//www. pasi. gov. om/ar/Pages/AboutUs/Brief. aspx，（上网时间：2020 年 2 月 3 日）

② “Sultanate of oman annual report 2017 public authority for social insurance”，2017，p. 8.，https：//www. pasi. gov. om/en/PASI_document/AnnualReport2017En. pdf. （上网时间：2020 年 2 月 3 日）

③ “Sultanate of oman annual report 2017 public authority for social insurance”，2017，p. 7.，https：//www. pasi. gov. om/en/PASI_document/AnnualReport2017En. pdf. （上网时间：2020 年 2 月 3 日）

金总计达 9535900 万里亚尔。①

二、建设社会福利机构

社会福利与社会组织形式密切相关，在不同历史阶段，提供社会福利的社会单元也有所不同。在传统社会中，家族部落、宗教组织是社会福利的主要来源，但这种社会福利的供给通常是临时性的，不能满足弱势群体的生存需要。而进入现代社会后，社会福利供给的主体转变为政府，通过国家政权作为信用担保并依靠财政投入建立的社会福利体系才能实施有效救助，社会福利制度也被视为国家转型的一种标志。

阿曼政府设立社会发展部（وزارة التنمية الإجتماعية）负责社会福利工作，承担制定针对个人和家庭的社会福利计划和方案、提高被救助家庭生活条件、向妇女儿童以及孕产妇提供特殊的支持计划、向有特殊需要的人群提供培训、监督民间福利机构等工作。社会发展部下设社会福利机构，向弱势群体和个人提供全过程的保障服务，使被帮助的个人或家庭过上更充实的生活。截至 2016 年年底，社会福利机构共提供 81942 例服务，共支出福利资金 12912. 96 万里亚尔；全国共有 161378 人领取社会保障金，占总人口的 6. 5% 。②

社会发展部根据不同的弱势群体，制定了有针对性的支持计划，包括资助贫困学生、为残障人士提供康复支持、帮助青少年罪犯重返社会等。2016—2017 学年，社会发展部与高等教育部制定合作协议，资助 2432 名来自领取社会保障金家庭的学生学费，帮助他们接受高等教育；社会发展部为青少年罪犯提供专门的培训，帮助他们重新融入社会，2016 年共监管

① “Sultanate of oman annual report 2017 public authority for social insurance”, 2017, pp. 21 – 24. , https://www. pasi. gov. om/en/PASI_document/AnnualReport2017En. pdf. （上网时间：2020 年 2 月 3 日）

② وزارة الإعلام،"عمان"،2017م،ص224.

445 个培训案例；[①] 设立职业评估和康复中心，为残障人士提供康复服务，发放辅助医疗设备和义肢。此外，社会发展部还设立了儿童福利中心，照顾因各种原因失去家庭的儿童，为这些儿童提供全方位的救助，包括食宿、教育、娱乐等。

第六节 推广现代传媒凝聚社会转型信心

1970 年前，阿曼没有任何媒体，泰穆尔苏丹实行的封闭政策使阿曼社会处于极度闭塞的状态。卡布斯苏丹在推动社会转型的进程中，重视现代传媒对民众的动员力和号召力，将推广现代传媒作为凝聚社会转型信心，扩大民意共识基础的重要手段。1990 年 11 月 18 日，在第 20 个国庆节讲话中，卡布斯苏丹指出完善阿曼媒体的重要性。

> “随着媒体在当今社会和人民生活中发挥的作用日益扩大，有必要采取措施进一步完善阿曼媒体，使其能够完成鼓励阿曼人民发挥潜力、提高公众意识、宣扬公民在祖国建设当中的重要力量、在国际社会中推动更深厚的友谊和更密切的合作的重大使命。”[②]

卡布斯苏丹非常重视阿曼媒体将其称为“一面反映国家真实面貌的镜子”，媒体在提升阿曼公民个人责任感、对国家和社会的认同感、号召民众参与国家建设方面有着不可替代的作用。阿曼媒体的报道原则是真实、准确、客观陈述事实和分析事件。现代传媒的发展使阿曼人有了解本国和世界其他国家的渠道，在社会转型时期传统与现代之间矛盾多发，通过媒体引导舆论进一步增强对国家转型的积极认识，一定程度上化解社会转型

① وزارة الإعلام،"عمان"،2017م،ص224.

② وزارة الإعلام،"عمان"،2017م،ص138.

期出现的矛盾。

1986 年 5 月 29 日，卡布斯苏丹颁布第 39/86 号皇家御令，成立阿曼通讯社作为阿曼苏丹国的官方国家通讯社。1997 年根据第 43/97 号皇家御令建立阿曼新闻、出版和广告局，阿曼通讯社被划归该局管理。2006 年，根据第 75/2006 号皇家御令，阿曼通讯社转至信息部管辖。① 阿曼通讯社是阿曼政府重要的宣传渠道，包括政府的各项方针政策以及对各种问题所持立场，成为阿曼复兴运动的风向标。同时，阿曼通讯社使用阿拉伯语和英语报道海湾地区、阿拉伯地区和国际上政治、经济等领域的重大事件，从阿曼的视角客观报道地区和世界大事。随着卫星通信和互联网的应用，阿曼通讯社的影响力不断提升。2016 年阿曼通讯社的用户数量达到 116289 人，新闻点播用户数量达到 1796 人。②

阿曼于 2004 年公布了修订后的《新闻出版法》，明确了对阿曼新闻机构、报社、出版机构、印刷企业和广告部门的管理规定。阿曼新闻、出版和广告局是阿曼最大的新闻机构，除此之外，阿曼出版业的其他机构都由私营资本运营。阿曼现出版多种报纸、期刊、杂志，阿拉伯语日报主要有《阿曼报》《祖国报》《青年报》《时代报》《愿景报》，英语日报主要有《阿曼每日观察报》《阿曼时报》《阿曼论坛报》《马斯喀特日报》。③

2010 年 10 月 22 日，根据第 108/2010 号皇家御令，阿曼成立公共广播电视局，其是享有行政和财政的独立法人机构，隶属于内阁。公共广播电视局向民众宣传国家方针政策，倡导崇高的国家认同感和民族认同感，展示阿曼辉煌历史和现代复兴伟大成就。公共广播电视局不断拓展视听媒体的影响力，开设社交媒体线上频道，提供线上广播和电视节目，针对智能

---

① "نشأة وكالة الأنباء العمانية والخدمات التي تقدمها"، https：//omannews. gov. om/% D9% 88% D9% 83% D8% A7% D9% 84% D8% A9 - % D8% A7% D9% 84% D8% A3% D9% 86% D8% A8% D8% A7% D8% A1 - % D8% A7% D9% 84% D8% B9% D9% 85% D8% A7% D9% 86% D9% 8A% D8% A9.（上网时间：2020 年 1 月 13 日）

② وزارة الإعلام، "عمان"، 2017م، ص145.

③ وزارة الإعلام، "عمان"، 2017م، ص146.

手机用户开发专用 App 扩大用户群体。① 阿曼现有五个广播频道：公共频道、青年频道、外语频道、古兰经频道、古典音乐频道。除古典音乐频道每天播音 19 个小时外，其余四个频道均为 24 小时对外播音。阿曼国家电视台——阿曼电视台是阿曼唯一覆盖全国的地面电视频道，② 由三个频道组成：综合频道、体育频道、文化频道。③ 2004 年，《私营广播电视法》颁布，私营企业被允许进入广播电视行业，可以创办管理无线电台和电视频道。麻坚电视台（قناة مجان الفضائية）是阿曼第一家私营卫星频道，2009 年 1 月 1 日正式开播，通过 NileSat 卫星和 Suhail Sat 卫星全天候 24 小时播放节目，覆盖阿曼全境，向海湾国家以及亚洲、欧洲和非洲部分地区播出。④

总而言之，社会转型是国家转型的重要内容，社会转型成功与否直接决定国家转型的成败。在阿曼传统社会中，部落结构和宗教意识构成社会结构和社会意识的主要内容，在此基础上形成部落政治与神权政治的上层建筑。卡布斯苏丹以新型现代政府建设为核心推动政治转型，将部落治理和宗教治理作为政治改革的重要内容。在新型现代政府建成后，部落治理和宗教治理已在阿曼国家治理体系中的角色发生变化，由原来的主要治理形式变为基本社会关系的调节规范。阿曼的传统文化和宗教改革使部落传统和宗教传统不断抽象化，构成阿曼复兴的精神内核，成为凝聚阿曼人参与国家转型发展的精神力量，部落传统和宗教传统中的积极因素也被继承，积极适应现代社会的发展，抽象化的传统文化价值与现代社会发展的时代内涵相结合，共同构成阿曼现代社会的一部分。

从传统社会向现代社会的过渡是社会转型的一般特征，现代社会的基础是社会分工的精细化和公共服务的体系化。现代社会的发展程度可以从精神层面和物质层面加以衡量。在精神层面，社会转型的核心是现代人的

① "لمحة عن الهيئة"، http：//part. gov. om/part/AboutPart. jsp.（上网时间：2020 年 1 月 13 日）

② 李宇：《国际传播视角下各国电视研究：现状与展望》，中国广播电视出版社 2013 年版，第 59 页。

③ وزارة الإعلام، "عمان"، 2017م، ص152.

④ "مجان الفضائية"，http：//majan - tv. com/.（上网时间：2021 年 11 月 30 日）

培育，现代人作为社会主体的特征表现在知识结构、认知水平和思想观念方面。阿曼社会转型最核心的问题是如何使阿曼传统文化和价值观与现代社会相适应。如果不能处理好二者之间的关系，“容易引起历史传承性的断裂”，甚至出现国家转型进程的倒退。卡布斯苏丹充分尊重阿曼的文化传统，将其作为凝聚阿曼人民突出民族性的核心价值，弘扬宽容开放文化交融的传统价值观，积极引导伊斯兰教与现代社会相适应，强调国家的伊斯兰属性，设立宗教事务部管理宗教事务，突出“整体性”的伊斯兰信仰，强调了伊斯兰教不同教派之间，以及伊斯兰教与其他宗教之间的共同特征，倡导宗教宽容、相互理解、和平共处的信仰观。

在物质层面，随着经济多元化和产业多样化社会分工不断朝着精细化的方向发展，卡布斯苏丹提出“阿曼化”政策，引导劳动力流向第二产业和第三产业，将劳动力从传统的农业和渔业生产中解放出来，加速了传统社会向现代社会转型。同时，工业园区和自贸区建设促进产业集群化发展，一方面为劳动力提供了大量工作岗位，另一方面加速了城市化的进程。阿曼传统社会中建立在亲缘上的部落结构逐渐被消解，部落身份认同逐渐被阿曼公民身份认同所替代。国民教育体系的建立普及了阿曼民众的公民身份教育，随着劳动力知识水平的提高，社会个体自由化、传统宗教去魅化，更加有利于新一代阿曼人接受现代观念，加速传统社会意识的解构。现代社会保障体系的建立，使政府替代了部落和宗教组织的保障主体地位，增强了个人对国家的认同感和对现代阿曼的认同，促进文化重构使社会转型成为一种内生性追求。

社会物质条件的改善并不与社会意识的转变同步发生，传统社会中的部落因素和宗教因素仍在社会生活中占有重要的位置。阿曼的部落传统有2000多年的历史，宗教传统也有1300多年的历史，文化传统因素具有巨大的历史惯性，仍然需要长期的社会转型实践与传统文化和价值观相互磨合。阿曼由传统国家向现代国家转型能否成功取决于阿曼人作为社会主体的转型，传统的文化价值观特别是阿拉伯和伊斯兰的属性对阿曼社会转型具有正反两方面的作用：一方面，社会转型带来的社会意识和社会存在的变化与传统文化价值观之间存在冲突；另一方面，阿拉伯伊斯兰传统文化和价值观是阿曼社会转型的重要文化资源，是现代阿曼社会再阐释、再实践的基础。阿曼的社会转型将是一个长期的过程，宽容开放的传统思想和宗教宽容的信仰理念将成为阿曼社会转型贯穿始终的主线。

第六章　阿曼国家转型的外部环境

外部环境的变化是阿曼国家转型进程必须应对的重要挑战。首先，阿曼与周边国家历史上发生过冲突。阿曼历史上是西亚地区的强国，但受到波斯、沙特等周边国家的入侵和干预。周边国家介入阿曼内部权力争夺加剧了政治危机，最终导致权力的更迭。1732 年，为了争夺伊玛目的权力，比尔阿鲁布将波斯军队带入阿曼，波斯军队最终占领了马斯喀特，比尔阿鲁布也因此辞去伊玛目职务，在与赛义德争夺阿曼控制权中失败，赛义德家族开始统治阿曼。1799 年，沙特入侵年阿曼占领了布赖米（البريمي）绿洲，1800 年沙特扶持卡瓦西姆家族控制了波斯湾的两个重要港口——霍尔·法克坎和红岛，直接影响马斯喀特的贸易收益，构成对马斯喀特的重大威胁。其次，阿曼与周边国家存在密切的文化联系。阿联酋、巴林在历史上都曾经是赛义德王朝控制的地区，在生活方式和文化传统上还保持很多阿曼因素。再次，阿曼国家转型启动时间比周边国家更晚。沙特、阿联酋已经通过石油收益积累大量财富，国家进入高速发展阶段给阿曼带来发展压力。最后，阿曼与周边国家关系存在不确定性。阿曼与周边国家的存在边界领土争端，在波斯湾集体安全机制建设方面也存在意见分歧，在处理与伊朗关系时也未达成一致，这些因素都是阿曼与周边国家关系中的不确定因素。

阿曼在国家转型过程中继承阿曼在波斯湾地区的历史影响，又积极创造有利于阿曼国家转型的外部环境，应对外部环境的变化处理好历史上与阿曼有密切联系的周边国家关系，在重新定位与周边国家关系的过程中生成阿曼国家的现代性。

第一节　海湾国际体系“多元化”对国家转型的挑战

一战后，英法两国瓜分中东，英国得到巴勒斯坦、外约旦、伊拉克大部分地区及波斯湾沿岸地区。[①] 二战结束后，英国以托管名义控制海湾地区，到 20 世纪 60 年代英国政府调整中东地区政策，逐步从波斯湾撤出。1968 年，英国宣布在 1971 年底前从“苏伊士以东”（包括波斯湾在内）地区撤出英国军队。[②] 英国势力的撤出，促成阿联酋、卡塔尔和巴林的独立，海湾地区的国际体系朝向“多元化”方向发展。

一、与阿联酋的领土问题

霍尔木兹海峡南岸一直是阿曼人活动的地区，19 世纪赛义德王朝曾统治这一地区，阿曼人与阿联酋人有着深厚的历史和文化渊源，历史文化上的亲密联系延续到现代，很多阿曼人到阿布扎比工作生活，甚至在阿联酋军队中服役。阿曼北部酋长国的出现就是英国控制霍尔木兹海峡实施分而治之策略的结果。在赛义德王朝时期，阿曼控制着波斯湾南岸的重要港口以及通往印度洋的海上通道，英国为了保障通往印度殖民地海上交通线的畅通，采取扶持当地部落的方式，逐渐控制波斯湾内的重要港口。“英国在波斯湾大肆活动，后来终于同巴林和马斯喀特的酋长订立了同盟条约（1820 年），采取不帮助海盗、不进行奴隶买卖的政策，因而能在波斯湾稳

① 钱乘旦、许洁明：《英国通史（珍藏本）》，上海社会科学院出版社 2017 年版，第 325 页。

② ［美］拉马扎尼（R. K. Ramazani）著，赵祥龄、段稚荃译：《波斯湾和霍尔木兹海峡：国际战略通道》，世界知识出版社 1982 年版，第 33 页。

定下来。”① 1820 年英国与海湾酋长签订的协议成为后来酋长国建国的政治基础，活跃在波斯湾两岸从事海盗活动的卡瓦西姆家族是阿曼赛义德王朝的主要威胁。英国打击海盗活动的政策帮助阿曼减轻了北部沿海地区的安全压力，但控制着霍尔木兹海峡南岸港口的部落在英国的支持下获得自治权。英国在控制波斯湾期间，负责协调阿曼与北部各酋长国之间的关系。但英军撤出后阿曼与北部诸酋长国同时面临两个主要问题：一是诸酋长国的国家组织形式，二是如何划定领土边境。

1972 年 11 月 18 日，在第二个国庆节发言中，对于佐法尔地区叛乱引发的持续动荡对阿曼复兴的负面影响，卡布斯再次明确了态度。

> “今年将向科威特、突尼斯、埃及、英国、美国、伊朗和印度派出 7 支外交使团。英国、印度、巴基斯坦、伊朗、约旦、美国、埃及、沙特共 8 国将在马斯喀特开设使馆。外交政策上，阿曼将继续实行与邻国的友好政策，不干涉别国内政，加强与阿拉伯国家之间的关系，与世界其他国家建立友好关系，在国际社会上支持阿拉伯国家立场，支持非洲国家为获得自由独立所做的斗争，反对南非政府和罗德西亚②政府的种族隔离政策。”
>
> “阿曼是发展中国家，我们将走一条第三世界国家的发展道路。阿曼已经加入阿拉伯科学文化组织、阿拉伯邮政联盟、阿拉伯电信联盟、伊斯兰会议组织③、联合国教科文组织、世界卫生组织、国际粮农组织、万国邮政联盟、联合国儿童基金会等阿拉伯地区组织和国际组织。阿曼积极参与国际会议，重申我们的政策，阿曼作为一个年轻的国家走在发展的道路上，朝着发达国家的行列迈进，获得应有的国

---

① 纳忠：《阿拉伯通史（下）》，商务印书馆 2005 年版，第 519 页。

② 罗德西亚是英国位于南部非洲的殖民地，1965 年 11 月 11 日单方面宣布独立，1980 年 4 月 18 日更名为津巴布韦。

③ 2011 年 6 月更名为伊斯兰合作组织（منظمة التعاون الإسلامي）。

际地位。”①

英国对撤军后诸酋长国的组织形式有自己的安排，准备将特鲁西尔海岸的七个酋长国与卡塔尔和巴林联合起来成立由九个酋长国组成的阿拉伯联邦。1968 年英国已经说服各酋长国于 3 月 30 日组成阿拉伯联邦，但卡塔尔、巴林和拉斯海玛（رأس الخيمة）没有加入联邦。1971 年英国完成向联合酋长国的权力移交，拉斯海玛后来加入联合酋长国，而卡塔尔和巴林宣布独立。② 在阿联酋建国前，阿曼将诸多酋长国视为其领土的一部分。卡布斯苏丹在阿联酋建国问题上，支持诸酋长国组建联邦。对于阿曼来说，北部诸酋长国建立统一的联邦政府有利于阿曼处理周边关系，避免分别与各个酋长国接触消耗更多的外交资源。

阿曼与阿联酋之间的领土问题一直持续到 1979 年，但双边关系没有受到领土问题过多的负面影响。在阿曼佐法尔战争期间，阿联酋向阿曼提供军事装备，阿布扎比酋长国向阿曼捐赠了 28 辆装甲车，支持阿曼卡布斯苏丹打击人民阵线。1977 年 10 月 25 日，阿曼与拉斯海玛酋长国爆发边境争端，12 月 29 日阿联酋总统谢赫·扎耶德访问马斯喀特与阿曼进行谈判。在谢赫·扎耶德和迪拜酋长的斡旋下，阿曼与拉斯海玛酋长国的边境冲突得以平息。1979 年后，阿曼与阿联酋关系逐步发展，两国元首定期互访。③

卡布斯苏丹在处理与阿联酋关系方面采取了务实的政策，阿联酋 1971 年建国，阿曼在佐法尔战争中吃紧，与阿联酋保持良好关系，稳定阿曼北部边境，避免在北部边境引发冲突造成阿曼南北两线作战的局面。同时，英军虽然从波斯湾撤离，但仍然主导着波斯湾的政治格局。英国提出组建联合酋长国的方案是对波斯湾地缘政治格局的一次调整，阿曼支持联合酋

---

① الدكتور مسعود ضاهر،"الاستمرارية والتغيير في تجربة التحديث العمانية"،دار الفارابي: بيروت – لبنان،الطبعة الأولى،عام 2008،ص94-95.

② ［美］拉马扎尼（R. K. Ramazani）著，赵祥龄、段稚荃译：《波斯湾和霍尔木兹海峡：国际战略通道》，世界知识出版社 1982 年版，第 33 页。

③ Al – Sayegh F.，“The UAE and Oman：Opportunities and challenges in the twenty – first century.”，Middle East Policy，Vol. 9，No. 3，2002，p. 124.

长国建国，也是继续支持英国的波斯湾政策，换取英国对阿曼在佐法尔战场上的军事支持和资金支持。

二、冷战背景下的合作关系

英国从波斯湾撤军后，伊朗成为控制波斯湾的地区大国。在20世纪70年代初期，全球超过50%的石油贸易都要经过霍尔木兹海峡，而在冷战时期石油贸易牵动着西方国家和苏联的“神经”，伊朗与阿曼正是掌控着石油“阀门”的两个国家。伊朗在20世纪60年代开始重视南部沿海地区的发展，建设港口和石油设施，在外交政策上强调波斯湾的航行自由，以此对抗来自伊拉克的挑战及对伊朗利益的威胁。英国从波斯湾撤军后，埃及的影响力向阿拉伯半岛延伸。埃及总统纳赛尔认为也门是埃及在阿拉伯半岛扩大影响的一个机会，只要投入很少的士兵和物质支持，就能维持也门的初生政权，提高他的泛阿拉伯思想的认可程度，并抵制西方对手的影响。① 纳赛尔主义与其他左翼政治思潮在阿拉伯半岛南端迅速发展，以武装斗争的形式在佐法尔地区集中爆发，对于阿曼、伊朗以及刚成立不久的联合酋长国都是巨大的威胁。伊朗派出特遣部队参加佐法尔战争支援卡布斯苏丹的主要目的是消除埃及和伊拉克支持的佐法尔地区的人民阵线和解放阵线。如果阿曼苏丹国被左翼武装推翻，伊朗将受到北部伊拉克和南部阿曼的双重威胁。因此，在打击佐法尔地区左翼武装的问题上，阿曼与伊朗以及英国的立场保持高度一致，伊朗采取更为积极的态度派出军队，消灭左翼武装保护霍尔木兹海峡石油贸易通道的控制权。

阿曼获得伊朗的军事支持引起阿联酋的不安。1971年11月30日，伊朗派兵占领了波斯湾内的3个岛屿，并宣布对岛屿拥有主权。其中的阿布

① ［美］汤普森著，郭子林译：《埃及史：从原初时代至当下》，商务印书馆2012年版，第312页。

·穆萨岛（أبو موسى）自 1920 年起由沙迦酋长国统治。[①] 伊朗占领岛屿引发其与阿联酋的领土争端。阿联酋认为伊朗介入佐法尔战争是对阿拉伯国家的潜在威胁，虽然佐法尔地区的左翼运动以推翻海湾地区君主制为目标，但阿联酋更担忧伊朗军队的威胁。此时阿曼周边的阿拉伯国家要么支持佐法尔地区的左翼武装力量，要么避免被卷入阿曼内战。阿曼要在伊朗和阿联酋两国中谨慎地处理好双边关系避免选边站队，需要倡导维护地区安全，又要获取两方支持参与佐法尔战争。1971 年 12 月，卡布斯苏丹到德黑兰访问与伊朗国王巴列维举行会谈，双方决定在霍尔木兹海峡建立海上联合巡逻机制，后来这一机制扩大到联合检查通过霍尔木兹海峡的商船。1974 年 7 月 20 日，阿曼与伊朗签署协定正式划定海域。[②] 阿曼与伊朗在佐法尔战争和霍尔木兹海峡航行自由问题上保持了密切合作，在维护海湾地区集体安全做了双边制度性的尝试，对海湾地区安全格局的形成产生重要影响。

第二节　采用集体安全策略推动建立海合会

一、地区安全格局的重塑

20 世纪 70 年代，阿曼在周边外交中主张建立海湾地区集体安全机制，在佐法尔战争、北部边境问题和霍尔木兹海峡航行自由等问题上表现尤为突出。同时，伊朗在暂时解决与伊拉克边境问题后也在推动海湾地区集体安全机制。1975 年 4 月，伊朗巴列维国王访问沙特，寻求沙特支持建立海

① “Abu Musa Island”，https：//www. globalsecurity. org/wmd/world/iran/abu – musa. htm.（上网时间：2019 年 11 月 30 日）

② Jafari，Valdani Asghar.，“The Geopolitics of the Strait of Hormuz and the Iran – Oman Relations.”，Iranian Review of Foreign Affairs.，Vol. 2，No. 4，2012，pp. 19 – 23.

湾地区集体安全机制。沙特同意将这一问题提交伊斯兰会议组织讨论，同年 7 月伊斯兰会议组织在沙特吉达召开会议，波斯湾八国外长参加会议讨论集体安全机制。1976 年 11 月，阿曼在马斯喀特召开会议讨论集体安全机制，波斯湾八国外长参加会议。阿曼外交国务大臣盖斯·扎瓦维在会议结束时表示“没有达成积极的成果，地区环境不适合建立多边合作机制”。① 海湾地区八国集体安全机制无法达成，伊朗与伊拉克之间的矛盾是最主要的原因，伊朗作为美国在波斯湾地区重要的政治军事盟友，提出建立集体安全机制的倡议被伊拉克认为是争夺地区政治主导权的方式。如果伊拉克加入伊朗主导的地区集体安全机制，必将损害自身在波斯湾的利益。对于伊朗而言，伊拉克与苏联保持密切往来，并且从未放弃对科威特的领土诉求，伊拉克主导建立集体安全机制是苏联向波斯湾渗透的路径，直接威胁到伊朗的安全。盖斯·扎瓦维所说的“不适宜的地区环境”指的就是伊朗和伊拉克之间的矛盾，导致波斯湾八国集体安全机制无法达成。

1979 年伊朗爆发伊斯兰革命，霍梅尼上台建立伊斯兰共和国，从根本上改变了原有的波斯湾地缘政治格局，美国失去在波斯湾的重要盟友。霍梅尼提出“不要东方，不要西方，只要伊斯兰”的政治主张，给波斯湾阿拉伯国家带来了不安全感，将其视为地区最大的安全威胁。虽然 1970 年伊朗宣布放弃对巴林的领土主张，但 1971 年对阿布穆萨岛的占领使阿联酋与伊朗陷入长期的领土争端。包括卡塔尔、巴林在内的诸多酋长国，由于国土面积和人口限制，没有能力抵抗来自伊朗的威胁，加之伊朗“革命输出”的影响，波斯湾阿拉伯国家面临国内什叶派力量的挑战。

而阿曼将伊朗发生的伊斯兰革命视为推动两国关系加强地区集体安全的机遇。与其他波斯湾诸多酋长国情况不同，阿曼是该地区内除沙特外面积最大的阿拉伯国家，并与伊朗保持着历史、宗教、地缘上的亲密关系。阿曼主动与革命后的伊朗接触，承认阿曼与巴列维政府签署的各项协议继续有效。1979 年 6 月阿曼外交国务大臣尤素福·本·阿拉维

① Jeremy Jones, “A history of modern Oman”, Cambridge University Press, 2015, p. 185.

（يوسف بن العلاوى）访问德黑兰与伊朗新政府确认此前两国签署的各项协议继续有效。[①] 阿曼在波斯湾阿拉伯国家和伊朗中间发挥了积极的作用，阿曼主动与伊朗伊斯兰政权积极接触发展双边关系，在一定程度上降低了周边阿拉伯国家对伊朗的安全焦虑，继续推动建立地区集体安全机制。

二、推动建立海湾合作委员会

由于波斯湾阿拉伯国家对伊朗的安全焦虑，沙特、阿曼、阿联酋、科威特、卡塔尔、巴林六国外长于 1979 年 10 月在沙特塔伊夫召开会议，研究建立地区集体安全机制议题，讨论如何应对霍梅尼政府“输出革命”政策，伊拉克未被邀请参会，但提交了建立伊拉克主导的对抗伊朗的集体安全机制提案。[②] 六国外长在会议上更关注如何应对国内可能出现的什叶派革命势力，特别是国内什叶派穆斯林较多的沙特和巴林。1980 年 9 月，两伊战争爆发，彻底打破了波斯湾地区的安全格局，不可能在波斯湾建立包括伊朗或伊拉克在内的集体安全机制。两伊战争对其余波斯湾阿拉伯国家产生巨大影响，战争不断升级将影响波斯湾内商船的航行。波斯湾两个大国之间的战争改变了阿拉伯国家对集体安全的看法，为了保障波斯湾石油运输通道的畅通和自身国土安全，各国对建立集体安全机制达成基本共识。1981 年 2 月，六国外长在科威特召开会议讨论建立集体安全机制，阿曼、沙特和科威特提出各自方案。阿曼提出建立综合性集体安全机制包括建立六国参加的联合军队，科威特提出最简方案在情报共享基础上建立安全合作机制，沙特受到国内东部省什叶派武装活动的影响将国内安全合作作为合作机制的主要内容。六国对集体安全机制的诉求和参与积极性不同，难以实现阿曼提出建立联合军队的目标，为了达成机制性成果，阿曼接受了六国建立一个功能有限的地区组织，作为集体安全机制协调的

---

① Jeremy Jones，“A history of modern Oman”，Cambridge University Press，2015，p. 189.

② Jeremy Jones，“A history of modern Oman”，Cambridge University Press，2015，p. 190.

平台。

1981 年 5 月，沙特、阿曼、阿联酋、科威特、卡塔尔、巴林六国组建海湾合作委员会。海合会将六国的合作领域确定在经济、文化、教育和科学技术，没有专门提到安全和军事领域合作。而实际上海合会成立后的十年里，海合会成员国内部和地区安全问题一直是关注的焦点。

第三节　与美国建立军事合作关系寻求安全保障

佐法尔战争使阿曼认识到国内安全形势的脆弱性，特别是在冷战背景下直面来自也门左翼武装的挑战，阿曼必须寻求坚强可靠的安全保障。卡布斯苏丹希望通过地区集体安全机制保障阿曼的外部安全环境，但从 1975 年到 1979 年，波斯湾八国多次尝试建立集体安全机制都没有取得实质性进展。1980 年爆发的两伊战争虽然促成海合会的建立，但并没有实现阿曼提出组建联合军队的想法，海合会也不能提供地区集体安全的机制保障。因此，阿曼开始将目光转向美国，积极与美国接触建立准军事安全合作关系。1980 年阿曼与美国签署《美国阿曼经济和防御援助协议》（US – OMAN ECONOMIC AND DEFENCE ASSISTANT AGREEMENT），[①] 该协议的主要内容包括，“美国使用阿曼的机场和港口设施；美国向阿曼提供美制装甲车、反坦克武器、防空导弹、运输机等军事装备以及经济援助；阿曼将得到优惠的军事信贷方便；确定两国在经济发展和贸易、防务装备、训练和发展等方面进行双边合作的原则”。[②] 协议签署同时双方互换照会，达成三点谅解，“美国将得到某些陆上和海上的便利，这些便利不超过友好国

① “U. S. Relations With Oman”, Dec. 13, 2020, https://www.state.gov/u – s – relations – with – oman/.（上网时间：2021 年 2 月 15 日）

② 钱其琛主编，《世界外交大辞典》编委会常务组编：《世界外交大辞典 A – L（上）》，世界知识出版社 2005 年版，第 50 页。

家在阿曼苏丹国享有的特殊权利的范围；绝不在阿曼建立任何美国基地；绝不在阿曼领土上驻扎任何美国军事部队”。①

2010年阿曼和美国修订和续签了该协议，并于2014年签署了《采购和交叉服务协议》（Acquisition and Cross – Servicing Agreement）。2019年3月，美国和阿曼签署了一项框架协议，扩大了美国对塞拉莱和杜克姆的设施和港口的准入，确保霍尔木兹海峡主要海军咽喉要道的航行自由，打击海盗行为，打击武器和毒品贩运。2016年以来，美国还授权通过直接商业销售（DCS）程序向阿曼永久出口超过6.13亿美元的国防物资，主要类别包括小武器、弹药和军用电子产品。

2015年以来，美国已向阿曼提供了超过1300万美元的外国军事援助，并向阿曼提供了1282.5万美元用于国际军事教育和培训项目（IMET），超过927名阿曼武装部队成员在美国接受了培训，阿曼所有现任军种首长，包括苏丹武装部队参谋长，都是该项目毕业生。2021财年，阿曼从美国获得2074万美元的军事援助。②

阿曼与美国签订双边军事合作协议后，获得美国提供的军事支持和安全保障。阿曼与美国建立密切的军事合作关系与波斯湾地缘政治格局调整后美国在波斯湾战略布局相关联。第一，伊朗爆发伊斯兰革命，美国需要新的战略盟友。20世纪70年代，美国采取现实威慑的地缘战略，尼克松在中东推行“双柱政策”（Twin Pillars），“波斯湾最大国家中的两个，伊朗和沙特阿拉伯，已经承担了更大的责任，以协助加强这一地区的稳定，并确保波斯湾的命运将由波斯湾国家自己决定，不受外来的干预”。③ 而1979年伊朗爆发伊斯兰革命，霍梅尼上台建立伊朗伊斯兰共和国，反对美

---

① 钱其琛主编，《世界外交大辞典》编委会常务组编：《世界外交大辞典：A－L（上）》，世界知识出版社2005年版，第50页。

② “U. S. Security Cooperation With Oman”，Jun. 15，2021，https：//www. state. gov/u – s – security – cooperation – with – oman/.（上网时间：2021年11月30日）

③ ［美］理查德·尼克松，新华社译：《尼克松1973年对外政策报告》，上海人民出版社1973年版，第244－245页。

国对波斯湾的干预。美国失去了“双柱”中的伊朗，急于在波斯湾寻找政治军事盟友，遏制伊朗“输出革命”对中东地区的影响，特别是伊朗人质事件发生后，增加了美国向波斯湾投送军事力量的需求。第二，苏联入侵阿富汗将军事力量向南亚和印度洋延伸。1979 年底，苏联入侵阿富汗，同时苏联海军出现在印度洋和波斯湾附近。阿曼和美国将苏联视为影响波斯湾安全格局的威胁，阿曼允许美国使用机场和港口，使美国空军能在波斯湾入口监视苏联舰队在波斯湾及印度洋附近的活动。

阿曼与美国建立密切的军事合作关系遭到其他阿拉伯国家的批评，因为美国在巴以问题上偏袒以色列的立场导致阿拉伯国家的不满。海合会在地区集体安全领域内发挥了积极的作用，但维护稳定的地区安全秩序仍然离不开美国，尤其是经历了 1990 年伊拉克入侵科威特后，海湾阿拉伯国家接受了美国主导波斯湾地区安全格局的现实。阿曼在寻求地区集体安全过程中，抓住 1979 年伊朗伊斯兰革命带来的地区安全格局调整的机遇，与美国建立了密切军事合作关系，为国家发展提供了安全的外部环境。

第四节　坚持中立立场增强外交自主性

阿曼在 20 世纪 80 年代赢得佐法尔战争，并积极处理与沙特、阿联酋的边境问题，实现了国家周边安全形势的稳定，但建立地区集体安全机制的构想由于伊朗和伊拉克之间的矛盾以及冷战两极格局的影响没有实现。1980 年阿曼与美国建立军事合作关系，得到超级大国的安全保护，但并没有放弃对地区集体安全机制的推动。1981 年海合会成立是阿曼在地区集体安全机制建设中取得的阶段性成果。1989 年开始，东欧国家政治局势发生剧烈动荡，冷战的两极格局开始松动。1990 年 8 月，伊拉克萨达姆政权入侵科威特彻底打破了波斯湾地区安全平衡。

一、海湾战争后的地区安全秩序变化

伊拉克入侵科威特后，阿拉伯国家联盟和海合会都没有能力保护科威特，再次向海湾国家证明地区集体安全机制的脆弱性。而面临着东欧剧变的苏联，没有精力与美国争夺波斯湾地区主导权。在联合国安理会授权下，美国组建联军打击入侵科威特的萨达姆军队。阿曼派兵参加美国领导的联军，同时根据阿曼与美国之间的军事合作协议，美军的飞机和舰船可以使用阿曼的机场和港口，便于美军在短时间内集结兵力对伊拉克军队开展空中打击。海湾战争的胜利再次说明在波斯湾内建立地区安全秩序的重要性，而波斯湾内的两个大国长期敌对，并且对其他国家有领土诉求，维护地区安全秩序必须依靠更强大的地区或全球力量。阿曼与美国建立密切的军事合作关系，让美国维护地区秩序的做法具有战略前瞻性。同时，海湾战争也促使海合会成员反思建立地区集体安全机制的必要性。

海湾战争结束后，地区集体安全机制出现两种方案：一种是阿曼提出的包含伊朗和伊拉克的“八国方案”，波斯湾地区集体安全机制不能仅限于海合会六国应该将波斯湾八国全部包含在内。该方案与1979年提出的波斯湾八国建立联合部队的方案没有太多区别，海合会国家受到海湾战争的影响担忧国内政权的稳定性，对于吸收伊朗或伊拉克进入地区集体安全机制存有很大疑虑，阿曼的方案并没有得到支持。另一种方案是美国提出的“八国方案”，即埃及和叙利亚与海合会六国建立地区集体安全机制。1991年3月10日，在沙特利雅得美国国务卿詹姆斯·贝克（James Baker）提出埃及和叙利亚与海合会六国建立地区集体安全机制，这一方案获得海合会与埃及和叙利亚外交部长的同意。① 美国提出的“八国方案”中，埃及

① Mainuddin, Rolin G., Joseph R. Aicher Jr, and Jeffrey M. Elliot., “From alliance to collective security: rethinking the Gulf Cooperation Council.”, Middle East Policy, Vol. 4, No. 3, 1996, pp. 39 - 50.

和叙利亚向海合会国家提供军事保护，海合会国家向埃及和叙利亚提供资金援助。而美国提出的“八国方案”最终也没有实现，主要原因有：第一，埃及和叙利亚的军队在军事能力上无法与美军相比；第二，海合会中的阿曼和科威特已经与美国签订军事合作协议，已得到美国的安全保障没有必要再次向埃及和叙利亚支付驻军费用；第三，埃及总统穆巴拉克下令在 1991 年 5 月撤回了驻扎在科威特和沙特的 3.8 万人军队。[①]

建立波斯湾地区集体安全机制的两种方案都没有实现。1991 年 5 月美国国防部长理查德·切尼（Richard Cheney）开始与海合会官员探讨扩大美国在海湾地区军事作用的可能，[②] 美国主导的波斯湾地区安全秩序得以形成。

二、积极参与中东和平进程

在冷战两极格局结束后，地缘政治对阿曼对外政策的影响有所减弱，阿曼作为阿拉伯国家以更加独立灵活的外交政策积极参与地区重大事务，在中东和平进程和与以色列关系正常化问题上发挥了积极作用。1992 年 1 月 28 日至 29 日，巴以在莫斯科举行和谈，阿曼参了这一阶段的和谈。莫斯科和谈将各国代表团分为五个工作小组：水资源工作小组；环境工作小组；军备控制与地区安全工作小组；难民工作小组；地区经济发展工作小组。[③] 阿曼参加了水资源工作小组的谈判，并以工作小组为平台积极推进与以色列发展双边关系。1994 年 4 月，阿曼在马斯喀特召开工作小组会

---

① Mainuddin, Rolin G., Joseph R. Aicher Jr, and Jeffrey M. Elliot., “From alliance to collective security: rethinking the Gulf Cooperation Council.”, Middle East Policy, Vol. 4, No. 3, 1996, pp. 39 – 50.

② Mainuddin, Rolin G., Joseph R. Aicher Jr, and Jeffrey M. Elliot., “From alliance to collective security: rethinking the Gulf Cooperation Council.”, Middle East Policy, Vol. 4, No. 3, 1996, pp. 39 – 50.

③ 赵克仁：《美国与中东和平进程研究（1967—2000）》，世界知识出版社 2005 年版，第 173 页。

议，讨论建立研究中心专攻海水淡化技术。阿曼通过水资源工作小组会议与以色列方面接触，促成阿曼与以色列关系的正常化。1994 年 12 月以色列总理拉宾访问马斯喀特。1995 年 2 月，阿曼外交国务大臣尤素福・本・阿拉维（يوسف بن العلاوى）在约旦会晤以色列外长佩雷斯。同年 10 月，阿拉维在纽约再次会见佩雷斯，两国决定互设商务代表处。1995 年以色列总理拉宾遇刺身亡，阿拉维赴耶路撒冷参加葬礼。1996 年 1 月 27 日，阿曼与以色列签署文件互设商务代表处。同年 4 月 1 日，以色列总理佩雷斯访问阿曼，与卡布斯苏丹举行会谈，双方认为两国互设代表处将促进两国的合作。①

阿曼以水资源工作小组平台逐步推动与以色列关系的正常化，同时将水资源研究中心建成公共外交的渠道。1996 年阿曼牵头成立中东海水淡化研究中心（The Middle East Desalination Research Centre）总部位于马斯喀特，20 多年来该中心在中东地区从事跨境水资源研究，现已有包括美国、以色列、日本、巴勒斯坦、卡塔尔、约旦、西班牙、韩国、荷兰在内的 11 个成员国和瑞典 1 个观察国。②

第五节　参与地区反恐合作维护地区稳定

一、协助美国在中东地区的“反恐战争”

2001 年“9・11”事件后，美国在全球范围内发动“反恐战争”，对中东地区特别是海湾地区的安全形势带来巨大影响。2001 年 9 月 20 日，时任美国总统小布什在国会联席会议上的讲话中提出，“我们将切断恐怖分子的资金来源，让他们互相为敌，驱逐他们直到他们无处藏身。我们将追究那些为恐怖主义提供援助或避难场所国家的责任。在各个地区的所有

---

① 安国政主编：《世界知识年鉴（1998—1999）》，世界知识出版社 1999 年版，第 60 页。

② “MEDRC”，https：//www. medrc. org/about - us/.（上网时间：2020 年 2 月 23 日）

国家现在都要做决定。要么和我们站在一起，要么和恐怖分子站在一起”。[①] 美国对打击“基地”组织的态度很明确，对海湾地区的美国盟友而言必须做出选择。基于阿曼在阿拉伯半岛上的重要战略位置和阿拉伯伊斯兰文化属性，加之与美国密切的军事合作关系，其在打击恐怖主义问题上必须与美国保持相同立场。阿曼1980年与美国签署经济和防御援助协议，该协议每10年续签一次，该协议分别于1985年、1990年、2000年、2010年修订条款再次延长。[②] 根据这一协议，美国可以使用阿曼的机场和港口，阿曼地理位置特殊，处于波斯湾入口处，在美国打击阿富汗塔利班和伊拉克萨达姆政权的反恐战争中，阿曼的机场和港口都是美军飞机和舰船补给重要的战略基地。

2001年10月4日，在美国对阿富汗采取军事行动前，时任美国国防部长拉姆斯菲尔德到阿曼会见了卡布斯苏丹，卡布斯苏丹明确表示支持美国在打击恐怖主义上采取的行动，阿曼允许美国空军C－130运输机使用马什拉岛（جزيرة مصيرة）空军基地参与打击阿富汗塔利班的军事行动。2003年，美国打击伊拉克萨达姆政权，虽然阿曼政府公开表示反对，但还是允许美国空军使用马什拉岛、西卜和山姆里（ثمريت）机场用于执行飞往伊拉克的军事任务。[③]

除了为美国军事行动提供便利外，2005年11月19日，阿曼政府与美国海关与边境保护局签署原则性声明，参加美国《集装箱安全倡议》（Container Security Initiative），萨拉莱港成为第43个使用该协议的港口。[④] 该协议由

① “Address to a Joint Session of Congress and the American People”, Sep. 20, 2001, https://georgewbush－whitehouse. archives. gov/news/releases/2001/09/20010920－8. html. （上网时间：2020年2月23日）。

② “U. S. Relations With Oman”, Dec. 13, 2020, https://www. state. gov/u－s－relations－with－oman/.（上网时间：2021年2月15日）

③ Jeremy Jones, “A history of modern Oman”, Cambridge University Press, 2015, pp. 234－235.

④ “Salalah, Oman Becomes 43rd Container Security Initiative Port”, http://www. itintl. com/salalah－oman－becomes－43rd－container－security－initiative－port. html. （上网时间：2021年2月20日）

美国倡导于2002年1月启动，为了应对恐怖分子利用海上集装箱运送武器，对边境安全和全球贸易造成的威胁，在参加协议的外国港口，识别和检查所有运往美国可能构成恐怖威胁的集装箱。[①] 2007年1月，阿曼成立国家反恐委员会负责国内反恐工作和国际反恐合作。[②] 阿曼积极配合美国的“反恐战争”，同时获得了美国的军事援助。美国对阿曼的军事援助主要分为三个项目：国际军事教育和培训（International Military Education and Training）、外国军事资助（Foreign Military Financing）和防扩散、防控、排雷及相关项目（Nonproliferation，Anti – Terrorism，De – Mining and Related Programs）。2018年，阿曼获得185.3万美元的国际军事教育和培训援助，而2019年该项目对阿曼的预算为175万美元。2018年用于资助阿曼的反恐援助（Anti – Terrorism Assistance）资金为90万美元，2019年预计为100万美元。[③]

表6－1　2003—2007年美国对阿曼军事援助项目资金（单位：万美元）

项目	援助资金				
	2003年	2004年	2005年	2006年	2007年
国际军事教育和培训	75	82.5	114.1	113.5	113.5
外国军事资助	8000	2485	1984	1386	1400
和防扩散、防控、排雷及相关项目	/	40	55.4	40	128.4

资料来源：Katzman，Kenneth.，“Oman：Reform，security，and US policy.”，DIANE Publishing，2011，p.4，https：//digital. library. unt. edu/ark：/67531/metacrs10588/m1/1/high_res_d/RS21534_2008May29. pdf.（上网时间：2020年2月20日）

① “CSI：Container Security Initiative”，May. 31，2019，https：//www. cbp. gov/border – security/ports – entry/cargo – security/csi/csi – brief.（上网时间：2020年2月20日）

② Katzman，Kenneth.，“Oman：Reform，security，and US policy.”，DIANE Publishing，2011，p.2，https：//digital. library. unt. edu/ark：/67531/metacrs10588/m1/1/high _ res _ d/RS21534 _ 2008May29. pdf.（上网时间：2020年2月20日）

③ “U. S. Relations With Oman”，Dec. 13，2020，https：//www. state. gov/u – s – relations – with – oman/.（上网时间：2021年2月15日）

二、加强与海湾周边国家反恐合作

“9·11”事件发生后，沙特面临来自“基地”组织的渗透威胁，国内安全风险增加，遂向周边邻国寻求反恐事务上的支持与合作。沙特在海合会框架下希望建立起地区反恐机制，阿曼作为海合会成员以及沙特的重要邻国，在预防“基地”组织带来的地区安全风险方面积极配合，但同时也是为了防止沙特因维护国内安全而改变海合会的宗旨和功能。

事实上，沙特和阿联酋非常需要阿曼参与地区反恐事务，特别需要阿曼保障与也门边境的安全。因为也门政府的控制力有限，“基地”组织阿拉伯半岛分子在也门边境地区藏匿，并向阿拉伯半岛其他国家渗透。如果阿曼能够保障也门边境地区安全防止恐怖分子向外渗透，将有效减轻沙特和阿联酋国内的反恐压力。2006 年，阿曼与沙特签署协议在两国边境加强对跨境活动的监控。[①] 阿曼有一支 4.3 万人构成的武装力量，人数在海合会国家中排名第三。[②] 阿曼的武装力量在组建初期主要是由英国军官管理和训练的，早期装备以英式装备为主。在与美国签订军事合作协议后，得到美国的军事援助，美国帮助阿曼购买美式装备充实阿曼的空军和海军力量，阿曼的空军和海军力量大大增强。在实战方面，阿曼武装力量与英国空军和伊朗远征军配合，共同打击在佐法尔地区的左翼武装，最终取得佐法尔战争的胜利。阿曼武装部队在也门边境具有丰富的作战经验，能有效应对恐怖分子从也门边境向阿曼渗透。

① Katzman, Kenneth., “Oman: Reform, security, and US policy.”, DIANE Publishing, 2011, p. 2, https://digital. library. unt. edu/ark: /67531/metacrs10588/m1/1/high _ res _ d/RS21534 _ 2008May29. pdf.（上网时间：2020 年 2 月 20 日）

② Katzman, Kenneth., “Oman: Reform, security, and US policy.”, DIANE Publishing, 2011, p. 2, https://digital. library. unt. edu/ark: /67531/metacrs10588/m1/1/high _ res _ d/RS21534 _ 2008May29. pdf.（上网时间：2020 年 2 月 20 日），p. 3.

三、与伊朗保持密切关系提供与西方对话渠道

无论在巴列维王朝时期还是1979年伊斯兰革命之后，阿曼与伊朗一直保持密切关系，与其他海合会国家对伊朗的态度形成鲜明对比。沙特一直以来将伊朗视为地区的主要竞争对手，阿联酋与伊朗在阿布穆萨岛的问题上存在领土争端，巴林国内什叶派力量受到伊朗“革命输出”影响威胁到哈利法家族政权安全，在沙特的领导下形成逊尼派政治联盟对抗伊朗的什叶派力量。然而阿曼作为海合会成员，一直以来拒绝加入沙特领导的对抗伊朗什叶派力量的政治联盟，在地区事务中主张积极与伊朗接触对话，避免将伊朗排除孤立在外。阿曼在处理与伊朗的关系问题上，从长期地缘战略现实出发，保持与伊朗的密切关系，伊朗政府和领导人的更迭和政策变化都是短暂的过程，而加强与伊朗的双边关系对维护阿曼周边安全有重要的战略意义。

1979年爆发伊斯兰革命后，伊朗与美国关系恶化，两国之间没有直接沟通的渠道。阿曼与伊朗和美国都保持着密切联系，提供第三方沟通渠道，在两国之间发挥了“中间人”的作用。1998年伊朗总统穆罕默德·哈塔米在接受美国CNN采访时，对“美国文明”表示钦佩，认为“美国文明”值得尊重，[①] 希望打消与美国人民之间的“不信任之墙”。[②] 哈塔米对美国的言论被认为伊朗对美国的敌对态度有所转变，美国也开始尝试与伊朗接触。1997年10月克林顿政府通过瑞士驻德黑兰大使馆向伊朗政府传递信息，邀请伊朗与美国官员会晤，但伊朗没有答复。1998年5月，美国副总统阿尔·戈尔在访问沙特期间，要求阿卜杜拉王储促成美国与伊朗之

---

① Parsa Ghahramani, “Iranian Rhetoric: Making Sense of ‘Death to America’”, May. 19, 2015, https://intpolicydigest.org/2015/05/19/iranian-rhetoric-making-sense-of-death-to-america/.（上网时间：2020年2月20日）

② Bruce O. Riedel, “The Clinton Administration”, Oct. 13, 2010, https://iranprimer.usip.org/resource/clinton-administration.（上网时间：2020年2月20日）

间的对话，而伊朗强调在正式对话前必须进行私人对话。① 1999 年 7 月，美国政府通过阿曼将克林顿总统的信件传递给伊朗，卡布斯苏丹派外交国务大臣尤素福·本·阿拉维前往德黑兰向哈塔米总统传递信息；1999 年 9 月，伊朗通过阿曼向美国人回复信息，表示伊朗对美国“不怀有敌意”，对美国利益没有“威胁”。②阿曼虽然没有促成伊朗与美国之间建立直接对话渠道，但成为两国之间重要的第三方渠道，特别是“9·11”事件之后小布什将伊朗称为“邪恶轴心国”，伊朗的铀浓缩活动导致与美国关系的进一步恶化，内贾德上台后采取更为强硬的立场，美伊两国直接接触的困难越来越大。

2008 年奥巴马当选美国总统后，调整了美国的中东战略，着手与伊朗接触。阿曼再次为美国和伊朗建立沟通渠道，2009 年阿曼外交国务大臣尤素福·本·阿拉维向美国驻阿曼大使理查德·施密尔（Richard Schmierer）表示，“阿曼可以提供场所，安排美国与伊朗的单独会谈”。③ 2012 年，在阿曼的努力下，美国和伊朗的官员开始直接对话，后来联合国安理会其他常任理事国和德国也加入会谈；2013 年 11 月，与伊朗达成临时性协议——《联合行动计划》于 2014 年 1 月 1 日生效。④ 阿曼在推动伊朗核问题的解决方面积极创造与美国接触谈判的条件，最终促成马斯喀特会谈，进一步提升了与伊朗的密切联系。阿曼与伊朗在天然气领域建立合作关

① Bruce O. Riedel, “The Clinton Administration”, Oct. 13, 2010, https://iranprimer.usip. org/resource/clinton－administration.（上网时间：2020 年 2 月 20 日）

② Bruce O. Riedel, “The Clinton Administration”, Oct. 13, 2010, https://iranprimer.usip. org/resource/clinton－administration.（上网时间：2020 年 2 月 20 日）

③ Jonathan Schanzer and Nicole Salter, “Oman in the Middle Muscat’s Balancing Act Between Iran and America”, FDD PRESS, May, 2019, p. 16, https://www. fdd. org/analysis/2019/05/09/oman－in－the－middle/#economic－ties－to－iran.（上网时间：2020 年 2 月 22 日）

④ Jonathan Schanzer and Nicole Salter, “Oman in the Middle Muscat’s Balancing Act Between Iran and America”, FDD PRESS, May, 2019, p. 16, https://www. fdd. org/analysis/2019/05/09/oman－in－the－middle/#economic－ties－to－iran.（上网时间：2020 年 2 月 22 日）

系，2009年两国签署协议，在两国之间建立一条长为200公里的天然气管道。[①] 2013年鲁哈尼当选伊朗总统，阿曼卡布斯苏丹访问德黑兰，成为鲁哈尼就任总统后第一位到访的外国元首，鲁哈尼在会见中表示“伊朗与阿曼比以往任何时候都更需要深化和促进双边合作”。[②] 2014年，鲁哈尼访问阿曼，会见卡布斯苏丹讨论伊朗与海湾国家关系以及叙利亚危机，本次访问是鲁哈尼出任伊朗总统以来首次访问阿拉伯国家。[③] 阿曼与伊朗两国不仅在政治领域往来密切，在经济领域也有广泛合作，2012—2013年间，阿曼与伊朗的双边贸易额增长了56%，达到8.84亿美元，到2014年底又下降至3.5亿美元。[④] 2018年，美国总统特朗普宣布美国退出《联合全面行动计划》，伊核协议面临失效风险，阿曼积极地在美国和伊朗之间斡旋，希望再次促成双方直接谈判缓和波斯湾紧张的安全局势。2020年初，伊朗伊斯兰革命卫队圣城旅旅长卡西姆·苏莱曼尼在驻伊拉克美军空袭中死亡，引起伊朗的报复行动，美伊关系跌入谷底。阿曼呼吁双方通过外交和

---

① "سلطان عُمان يزور إيران"،25 من أغسطس،2013, https://www.aljazeera.net/news/international/2013/8/25/%d8%b3%d9%84%d8%b7%d8%a7%d9%86-%d8%b9%d9%8f%d9%85%d8%a7%d9%86-%d9%8a%d8%b2%d9%88%d8%b1-%d8%a5%d9%8a%d8%b1%d8%a7%d9%86.（上网时间：2020年2月22日）

② “Oman's Sultan Qaboos visits Iran for mediation”, Aug. 26, 2013, https://www.thenational.ae/world/mena/oman-s-sultan-qaboos-visits-iran-for-mediation-1.470015.（上网时间：2020年2月22日）

③ "روحاني في عُمان لبحث ملفات سياسية واقتصادية"،14 من مارس،2014, https://www.aljazeera.net/news/arabic/2014/3/12/%d8%b1%d9%88%d8%ad%d8%a7%d9%86%d9%8a-%d9%81%d9%8a-%d8%b9%d9%8f%d9%85%d8%a7%d9%86-%d9%84%d8%a8%d8%ad%d8%ab-%d9%85%d9%84%d9%81%d8%a7%d8%aa-%d8%b3%d9%8a%d8%a7%d8%b3%d9%8a%d8%a9-%d9%88%d8%a7%d9%82%d8%aa%d8%b5%d8%a7%d8%af%d9%8a%d8%a9.（上网时间：2020年2月22日）

④ Jonathan Schanzer and Nicole Salter, “Oman in the Middle Muscat's Balancing Act Between Iran and America”, FDD PRESS, May, 2019, p. 14, https://www.fdd.org/analysis/2019/05/09/oman-in-the-middle/#economic-ties-to-iran.（上网时间：2020年2月22日）

对话方式结束地区冲突，实现地区安全与稳定。①

总的来讲，阿曼国家转型进程所处的外部环境相对复杂，既有大国博弈带来的阵营对抗，也有地区战争引发的安全危机，海湾地区安全格局经历了由冷战的两极格局向美国主导的地区安全格局的重大转变。阿曼在寻求安全的外部环境时需要处理好与周边国家关系、地区大国关系和域外大国关系。在国家转型启动阶段，阿曼积极与周边国家接触，保持良好的往来，虽然与沙特、阿联酋存在边境划定的问题，但通过佐法尔战争，以反对左翼势力和纳赛尔主义向阿拉伯半岛渗透为目标获得周边国家的军事支持，同时依靠英国的军事援助赢得佐法尔战争。佐法尔战争胜利后，面对英国军队撤出海湾地区，地区关系朝着多元化方向发展，阿曼积极推动建立地区集体安全机制，但由于伊朗和伊拉克之间的矛盾，没有在波斯湾八国框架下建成地区集体安全机制。1979 年伊朗爆发伊斯兰革命，伊朗伊斯兰政权的“革命输出”引发波斯湾阿拉伯国家的普遍担忧。1980 年爆发的两伊战争，使地区集体安全机制的方案彻底破产，也促成 1981 年海合会的建立。海合会的建立为地区安全事务提供了磋商平台，但与阿曼主张的地区集体安全机制还有很大差距。

波斯湾特殊的地缘政治格局决定了地区集体安全机制无法建成，阿曼虽然多次努力推动但最终没有达到预期目标。阿曼转变了地区安全战略的方向，与美国建立密切的军事合作关系，转向域外大国寻求地区安全秩序保障。海湾战争的爆发证明了阿拉伯国家联盟和海合会无法提供地区安全保障，向美国寻求安全保障成为海湾国家的共识。在海湾战争结束后，阿

---

① "سلطنة عمان تصدر بيانا بشأن "مقتل سليماني" وتوجه دعوة إلى إيران وأمريكا"، 5 من يناير، 2020, https://arabic.sputniknews.com/arab_world/202001051043960968-%D8%B3%D9%84%D8%B7%D9%86%D8%A9-%D8%B9%D9%85%D8%A7%D9%86-%D8%AA%D8%B5%D8%AF%D8%B1-%D8%A8%D9%8A%D8%A7%D9%86%D8%A7-%D8%A8%D8%B4%D8%A3%D9%86-%D9%85%D9%82%D8%AA%D9%84-%D8%B3%D9%84%D9%8A%D9%85%D8%A7%D9%86%D9%8A-%D9%88%D8%AA%D9%88%D8%AC%D9%87-%D8%AF%D8%B9%D9%88%D8%A9-%D8%A5%D9%84%D9%89-%D8%A5%D9%8A%D8%B1%D8%A7%D9%86-%D9%88%D8%A3%D9%85%D8%B1%D9%8A%D9%83%D8%A7/.（上网时间：2020 年 2 月 22 日）

曼的外交政策体现出灵活性和自主性，通过积极参与中东和平进程，发展与以色列关系，保持自身在海合会中的独立性，不参与沙特主导的逊尼派政治联盟，避免海合会政治化。

“9·11”事件发生后，美国发动“反恐战争”，给中东地区安全形势带来巨大影响，海湾地区各国都受到“基地”组织的威胁，在情报共享、边境管控、涉恐资金追踪等领域，阿曼积极与美国和周边国家开展反恐合作。在阿富汗战争和伊拉克战争中，阿曼允许美军使用境内机场及其他设置，进一步加强了与美国的军事合作，在美国的军事援助下购买了大量的美式装备，加强自身的军事力量建设。

从地缘战略的考虑出发，阿曼与伊朗一直保持密切关系，无论伊朗的政权如何更迭、政策如何变化，阿曼始终将伊朗视为重要的地区伙伴。阿曼在美国与伊朗的接触中扮演了重要的角色，在推动美伊直接接触、伊核问题谈判方面发挥了不可替代的作用。阿曼灵活自主的外交政策为国家转型创造了较好的外部环境，同时保持了自身在海湾地区的独特性，被称为中东的“瑞士”。

结　语

一、阿曼国家转型的规律性特征

阿曼在经济基础薄弱、国内形势复杂多变的情况下开启了国家转型进程，政治转型与伊斯兰传统之间的关系、食利国家的发展陷阱、“阿曼化”政策的作用、周边安全环境都是阿曼需要解决的问题。从历史演进到现实政策分析回顾阿曼国家转型进程的各阶段，就以上问题可得出以下规律性特征。

（一）卡布斯苏丹是阿曼国家转型的重要动因

卡布斯苏丹是阿曼国家转型的“掌舵人”。卡布斯苏丹推动了阿曼现代国家建设的思想启蒙。在泰穆尔苏丹执政时期，英国顾问曾向泰穆尔提出建立现代政府、提供公共服务等现代国家治理的建议，但泰穆尔苏丹没有采纳。阿曼民众真正意义上被动员起来参与国家建设是在卡布斯苏丹执政提出阿曼复兴运动后，复兴运动本身就是由传统国家向现代国家转型的一次启蒙运动。卡布斯苏丹发动的思想启蒙运动与其在西方的留学经历相关，但阿曼复兴的思想启蒙运动的内涵是阿曼作为现代国家的崛起和阿拉伯伊斯兰文化在现代的复兴。卡布斯苏丹掀起的阿曼复兴运动，名义虽为复兴，实际上是将阿曼由中世纪的传统国家朝向现代国家的一次跃迁。

卡布斯苏丹对阿曼国家转型的顶层设计建立在阿曼传统社会基础之上，在推动阿曼国家转型的50年内始终强调“复兴”二字，说明阿曼国家转型的价值追求是现代阿拉伯国家，没有简单照搬西方道路，更没有将西方所谓“普世价值”作为现代国家建设的目标。西方现代化建立在资本主义制度之上，需要资本自由流动和成熟的市场机制保障。而卡布斯苏丹在国家转型起步阶段首先提出新型政府建设，优先发展教育、医疗、住房等公共服务和社会保障功能，在较短的时间内改善了阿曼人的生活条件，赢得阿曼民众对国家转型的支持和参与。卡布斯苏丹在萨拉莱被软禁的6年内，分析了阿曼社会发展停滞的原因，准确地找到了推动国家转型的突破口，将阿曼传统社会的特征与现代化发展的需求紧密结合在一起，上台执政后提出阿曼复兴的全面计划。

（二）王权宪政为核心的政治改革

阿曼政治转型的领导核心是苏丹，苏丹既是国家元首，也是政府首脑。卡布斯苏丹强调阿曼民族国家属性，用公民身份认同逐渐替代部落认同和宗教认同，将国名更改为阿曼苏丹国，弥合历史上马斯喀特苏丹国与伊玛目国之间长期对立带来的分歧。阿曼《国家基本法》规定了君主世袭制的政体，从根本上维护了王权的合法性和稳定性，同时保障了阿曼公民的基本权利，创造性地建立了阿曼委员会，将协商制度作为扩大政治参与发展政治民主的基本制度。

阿曼政治转型需要妥善处理王权、族权和神权三者之间的关系，解决好王权世袭制的政体安排与伊巴迪教派伊玛目选举制历史仪轨之间的矛盾。阿曼的部落传统有2000多年的历史，伊斯兰教的宗教传统也有1300多年的历史，王权统治仅有600多年历史。族权和神权具有巨大的历史惯性，一旦王权衰落，族权和神权很快会走到权力中心，这一现象在600多年的阿曼王朝史当中不断重复。卡布斯苏丹提出建设阿曼民族国家，以《国家基本法》形式保障公民基本权利，增强阿曼人的公民意识和公民认同，减少部落政治和宗教政治对政治改革的负面影响。卡布斯苏丹尊重部落首领的权力并下令向其支付工资，将部落治理方式纳入新政府的治理体系之中。卡布斯苏丹在政府中设立宗教事务部，管理全国宗教事务，将传统宗教组织承担的社会服务和管理职能转移到新政府内相关部门，加强对全国的清真寺管理，设立大穆夫提职务，负责解答国家转型进程中遇到的新问题，使宗教与现代社会建设相适应。

在封建王朝时期，王权与神权曾一度集中到苏丹一人身上，苏丹本人既是王朝最高统治者，也是伊巴迪教派的伊玛目。卡布斯苏丹没有采取这种方式化解王权与神权之间的矛盾，而是强调整体的伊斯兰信仰，倡导不同信仰、不同教派间的对话和宽容，并不突出某一教派的地位，避免陷入教派矛盾当中。

协商制度是阿曼政治转型改革的重大制度创新，它既不是西方代议制的“仿制品”，也不是伊斯兰传统“舒拉”制的“复制品”，其核心特征是王权控制下的有序政治表达和政治参与，兼顾了“自上而下”和“自下而上”两个政治表达渠道，吸收了伊斯兰传统“舒拉”的价值理念和西方代议制民主的组织形式，调动了政治参与的积极性，保障了政治改革的稳定性。

（三）混合式经济制度的发展模式

阿曼在国家转型起步阶段经济基础十分薄弱，完全依靠石油产业带来的收益满足国家建设的资金需求，在经济转型启动的前10年阿曼的经济发展模式是依赖石油产业拉动的国家资本主义，阿曼通过“五年计划”的方式推动教育、医疗、住房等公共服务和社会保障领域快速发展。石油依赖型的经济增长模式受到国际油价波动影响较大，经济结构单一化经济体系抗风险能力差，石油产业“阿曼化”程度较低，大量劳动力仍然集中在传统产业，这些问题使阿曼经济发展遭遇瓶颈。

从20世纪80年代初期，国际油价大幅下挫，卡布斯苏丹开始推动经济发展模式的转型，开启了经济自由化改革，大力推动非石油产业的发展，向私营资本和外国资本开放市场，大力推动第二产业和第三产业，采矿业、天然气、制造业成为非石油产业重点的发展方向，同时积极参与地区国家间经济合作，提高阿曼经济向国际市场的开放程度，提升经济抗风险能力。

阿曼在加入世贸组织后，加快了国内市场开放的规模和速度，启动经济多元化改革，确定优先发展的支柱产业，将采矿业、物流业、制造业、渔业和旅游业作为优先发展的重点产业，改善国内营商环境，吸引外国投资，设立自贸区和工业园区推动市场国际化，增强阿曼国内经济增长动力。

在经济自由化和经济多元化的改革当中，阿曼经济体制发生根本性变化，国家资本在石油产业中发挥主导作用，私营资本在非石油产业发挥重要作用，国内市场开放程度不断提高，资本流动性不断增强，非石油产业对国民经济的贡献度不断提升，经济抗风险能力显著增强。在市场充分开放，资本自由流动的同时，阿曼仍然保留“五年计划”的推动经济发展模式，用于协调经济发展与社会福利、中央与地方、沿海与内地、近期利益与长期利益之间的关系，统筹国内和国际两个市场。经历了两轮经济体制的改革，阿曼基本改变石油依赖型的经济结构，跳出食利国家的发展陷阱，特别是现代物流业和旅游业的发展已经展示出良好的发展势头，阿曼经济活力不断增强。

（四）保留阿曼传统的现代社会转型

传统文化和价值观对于社会转型有正反两方面的作用：一方面，传统文化和价值观是阿曼社会的重要特点，失去传统文化和价值观的社会转型将造成“历史传承性的断裂”，失去传统文化和价值观的基础，阿曼现代社会也无从谈起；另一方面，传统文化和价值观与现代社会转型带来的社会意识的变化之间存在矛盾，将影响传统社会向现代社会转型的过程。阿曼在社会转型过程中，保留了阿曼传统文化和价值观中的积极因素，将其作为社会转型的重要文化资源，成为对阿拉伯现代国家和现代社会再阐释、再实践的基础。

阿曼社会转型突出“阿曼化”的特点。在精神层面，卡布斯苏丹强调阿曼历史的丰富性和民族性，将阿曼国家转型称为复兴运动，倡导包容平和的传统文化，促进不同文明之间的交流；积极引导伊斯兰教与现代社会相适应，强调国家的伊斯兰属性，突出“整体性”的伊斯兰信仰，强调伊斯兰教不同教派之间，以及伊斯兰教与其他宗教之间的共同特征，倡导宗教宽容、相互理解、和平共处的信仰观。在物质层面，通过经济自由化和经济多元化改革，阿曼政府大力发展非石油产业，创造更多的工作岗位，引导劳动力从传统的农业和渔业生产中向新兴产业转移，加速社会分工精细化，加强劳动力在沿海和内陆地区的流动，从而加速传统社会组织形式的解构；同时加强社会保障体系和免费医疗体系的建设，促进劳动力进一步从内陆地区释放，劳动力产业化程度不断提升，城市化建设加快，改变了传统社会的生产方式和生活方式，客观上加速了社会转型。

（五）中立自主的外交政策

阿曼所处的重要战略位置和不稳定的地区安全格局对阿曼国家转型产生重要影响，从冷战的两极对抗格局到美国主导的地区安全秩序，先后爆发了两伊战争、海湾战争、伊拉克战争，地区安全环境对阿曼国家转型带来不利的影响。阿曼一直采取中立立场妥善处理与周边国家和域外大国的关系，在获得佐法尔战争胜利后，阿曼推动波斯湾八国集体安全机制的建设，在英国撤出海湾地区后建立新的安全保障机制，但由于伊朗和伊拉克之间的矛盾，波斯湾八国机制方案没有实现。1979 年伊朗爆发伊斯兰革命后，海湾地区阿拉伯国家特别是沙特、阿联酋、巴林将伊朗视为地区安全威胁的主要来源，而阿曼从地缘政治战略角度出发，将伊朗视为重要的地区伙伴，伊朗发生政权更迭或政策变动没有影响到阿曼与伊朗之间的密切联系。

两伊战争的爆发使海湾阿拉伯国家意识到伊朗对地区安全的潜在威胁性，一定程度上促成海合会的建立，海合会的成立为海湾地区阿拉伯国家提供了安全合作的平台，但与阿曼提出的地区集体安全机制还有很大差距。伊拉克入侵科威特后，阿盟和海合会都没有能力为科威特提供安全保障，阿曼与美国建立军事合作关系，寻求美国的安全保障。

阿曼在发展与以色列的关系上展现出外交上的自主性，积极参与中东和平进程，以水资源开发和研究为平台促成与以色列关系的正常化。在“9·11”事件后，美国发动“反恐战争”，阿曼积极参与地区反恐行动，与沙特建立边境管控机制，防止“基地”组织向阿拉伯半岛其他地区渗透。在伊朗核危机期间，阿曼积极为美国和伊朗提供第三方沟通渠道，促成伊核协议的谈判。在沙特与卡特尔断交事件发生后，阿曼向卡塔尔开放领空和港口，避免地区对抗局势进一步升级，维护海合会的团结，反对沙特将海合会改造成反对什叶派的政治联盟。

阿曼中立自主的外交政策为国家转型发展创造了较好的周边环境，虽然其与沙特和阿联酋存在边境划分的分歧，但保持了良好的关系。在1979年伊朗伊斯兰革命后，海湾阿拉伯国家将伊朗视为主要的安全威胁，而阿曼将伊朗视为重要的合作伙伴，在地区性事务中与伊朗保持密切联系。在沙特和伊朗矛盾升级的形势下，阿曼避免卷入教派冲突当中，倡导通过对话和政治解决冲突危机，促进逊尼派与什叶派的和解。

二、阿曼国家转型的历史逻辑和时代内涵

“一元多线史观”中指出的现代社会是区别于传统的社会类型，它是社会在工业化推动下发生全面变革而形成的属性，这些属性是各发达国家在技术、政治、经济、社会发展等方面所具有的社会特征。这些特征包括民主化、工业化、社会阶层流动化、社会福利化、教育普及化等。① 阿曼从1970年开启国家转型进程，历经了50年的转型发展，阿曼社会发生翻天覆地的变化，卡布斯苏丹领导阿曼人从中世纪社会跨入现代社会，探索出一条具有阿曼特色的国家转型之路。

① 罗荣渠：《现代化新论》，北京大学出版社1993年版，第14页。

阿曼的国家转型道路不是对西方道路的复制，没有全盘接受西方的制度模式和所谓的“普世价值”，而是立足阿曼历史文化传统，从经济社会发展水平出发，提出国家转型鲜明的价值追求，对阿曼承载的阿拉伯伊斯兰文化进行时代阐释，保留历史文化传统的积极因素，以国家发展和民族复兴为目标推动国家向现代转型，并重新定义阿曼与世界的关系。

第一，追求民族复兴和国家发展是阿曼国家转型的价值追求。作为阿曼国家转型的顶层设计者，卡布斯苏丹将阿曼复兴作为国家转型的远大目标，在历次国庆节讲话中都将国家复兴作为号召阿曼人参与国家建设的精神感召。阿曼经历了50年的国家转型建设，从贫穷落后极端封闭的状态一跃进入现代社会，阿曼人对民族复兴的强大自信以及对国家发展的坚定信心已经内化为阿曼国家转型的价值追求，50年内取得的伟大成就也成为现代阿曼引以为傲的精神财富。

第二，海上帝国的辉煌历史是阿曼现代国家文化自信的来源。从17世纪初到19世纪中叶的200多年里，阿曼曾是一个强大的海上帝国。阿曼的舰队在海上打败了葡萄牙人、荷兰人、英国人和法国人。阿曼的势力范围扩大到伊朗海岸、海湾地区以及非洲东部地区，控制着从波斯湾到非洲东部海岸的海上贸易。这段辉煌的海上帝国史是阿曼复兴的历史自信和文化自信的来源。在阿曼现代性构成中，阿曼复兴的基础和目标就是海上帝国时期繁荣强盛的阿曼。历史上的海上帝国已经被高度抽象化，成为阿曼现代性的精神内核，阿曼复兴指的是重现国家繁荣兴盛的状态，而实现伟大复兴的路径是国家的转型建设，而非历史上的阿曼海军。

第三，历史文化传统是阿曼国家转型顶层设计的思想来源。卡布斯苏丹作为阿曼国家转型的顶层设计者，创造性地将西方现代国家发展的措施与阿曼传统历史文化相融合，突出阿曼由传统国家向现代国家转型的鲜明特征，给西方现代国家转型的措施注入阿曼文化的时代价值。卡布斯在英国学习接受了西方现代理念，并且目睹了资本主义工业社会的发达和西方民主政治的实践，但在推动阿曼国家转型的构思中，没有全盘照搬西方现代化模式，吸收其中的有益形式，与阿曼特殊的历史文化传统相结合，探索出一条具有阿曼特色的转型之路。王权宪政的政治体制和协商制度的设计都是改革传统政治治理形式的重大制度创新成果。

第四，统一的阿曼苏丹国是阿曼现代国家的承载主体。阿曼传统社会一体化程度低，传统国家本质上是分裂的。部落政治、神权政治与王权政治轮番上台争夺权力中心，但族权、神权和王权的渗透力有限，加之内陆和沿海地区不同的生产方式和生活方式，阿曼形成“沿海—内陆”“苏丹国—伊玛目国”的二元对立结构。阿曼苏丹国的建立打破了传统空间和话语区分造成的二元对立结构，通过建设新型现代政府将王权治理体系渗透到国家的各个角落，不仅赋予阿曼新的国家形态，而且推行“阿曼化”政策，提高阿曼人对民族国家的认同感，将阿曼苏丹国作为现代国家的承载主体。

第五，现代产业体系和开放的市场经济是阿曼国家转型的发展动力。传统国家向现代国家转型与生产方式的巨大变革密不可分。阿曼依靠石油收益从零开始带动工业化发展，建立起以石油化工为核心的工业体系，初步完成工业化。通过经济自由化，激发市场主体活力，完善现代产业结构，进一步将劳动力从传统农业和渔业中释放出来；以经济多元化为方向，逐步摆脱对石化产业的依赖，加强经济抗风险能力和可持续性。经济持续发展带来社会分工的精细化，加速了传统社会结构的解体，社会财富的积累也为社会流动创造条件，促使阿曼人在不同产业领域和生活地区之间的流动，为现代性的生成提供发展动力。

第六，全民教育和媒体发展是阿曼由传统社会向现代社会转型的重要基础。人作为社会主体，是社会转型过程中最活跃的因素，也是决定转型成败的关键因素。在泰穆尔苏丹执政时期，绝大多数阿曼人是文盲或半文盲，人口素质远远不能适应现代社会的需要。卡布斯苏丹推动全民教育，提升国民文化素质，国内文盲率大大下降。职业教育和技能教育的普及，培养了大量现代产业工人，促进人口从传统部落向城市中心聚集，改变了阿曼人的生活方式，成为阿曼现代社会主体的重要基础。现代传媒向阿曼人展示了丰富多彩的外部世界，帮助阿曼人更快地接受新思想新事物，客观上加速了社会意识领域的解放。

第七，现代社会保障体系是阿曼国家转型的重要支撑。人的自由流动是现代社会生成的前提，在传统的社会结构中阿曼人依靠部落或宗教组织生存，社会流动性极低。主要原因是社会生产力低下，个人的生活物资和生存保障由部落或宗教组织提供。而政府成为现代社会保障体系的保障主体，消除了部落和宗教组织的空间区格，极大地释放了社会流动性，使阿曼人可以在国内甚至海湾地区内自由流动，为阿曼社会转型提供重要支撑。

第八，中立自主的对外政策是阿曼国家转型的鲜明特色。二战结束后，英国以托管名义控制海湾地区，采取“分而治之”的方式瓜分了阿曼对波斯湾重要港口的控制权，扶植当地部落力量在 1968 年撤军后促成阿联酋和巴林的独立，削弱了阿曼在波斯湾内的影响。阿曼开启国家转型后，摆脱了英国的控制，在处理周边国家关系上展现出中立自主的政策特点，也是波斯湾内唯一一个和伊朗保持密切关系的阿拉伯国家，在中东和平进程和伊朗核问题谈判上发挥了重要的协调作用。阿曼在海湾地区事务上的特殊作用与殖民时期形成鲜明对比，也成为国家现代性的鲜明特色。

阿曼国家转型的历史逻辑和时代内涵再次证明西方道路不是传统国家向现代国家转型的模板，发展中国家转型是一个历史性的生成过程，在没有发生“历史传承性的断裂”的情况下，阿曼的国家转型从历史文化价值中汲取营养，在转型进程中不断生成并赋予其时代内涵。阿曼的国家转型是对伊斯兰教传入前的“古代”和海上帝国鼎盛时期的“中世纪”的告别，是将阿拉伯伊斯兰文化传统和价值观念带入崭新的生活状态和世界体系之中，现代阿拉伯国家的生成性特征决定其只有阶段性没有终结点。因此，阿曼经历了 50 年的改革发展，仅仅处于国家转型的初级阶段，传统与现代在转型过程中相互影响、相互适应，随着国家转型的不断深入，传统因素和现代因素在实践尺度和时间尺度上不断转化，保留阿拉伯伊斯兰的文化属性，与时代发展理念相契合是阿曼国家转型的发展趋势，在转变和融合的过程中实现现代国家的自我革新。

三、阿曼国家转型的未来展望

西方学者对阿曼国家转型的担忧集中在卡布斯苏丹的继任者问题上，卡布斯苏丹没有子女，也没有公开宣布继任者。其他海湾阿拉伯国家有设立王储的制度安排，但阿曼并没有类似的制度。到后卡布斯时代权力如何交接，能否实现国内政局稳定一直是阿曼政治研究关注的焦点。2020 年 1 月 10 日晚，卡布斯苏丹去世，① 1 月 11 日卡布斯堂弟海塞姆·本·塔里格·赛义德（هيثم بن طارق سعيد）继任阿曼苏丹，② 海塞姆苏丹在就任后的首次讲话中强调，将遵循前任卡布斯苏丹的道路，继续建设现代的阿曼苏丹国，将继续在和平共处的原则上与所有国家保持友好关系，在地区事务中发挥调解作用。③ 海塞姆苏丹的就职标志着后卡布斯时代的到来，阿曼最高权力顺利交接也说明阿曼君主世袭制的特殊性，没有出现西方学者担忧的权力争夺而引发国家动荡的局面。

此外，2011 年爆发的中东剧变对阿曼也造成了冲击，在马斯喀特、苏哈尔、萨拉莱等主要城市出现了游行示威活动，特别是在苏哈尔的游行示威演变为暴力事件，造成一人不幸遇难，引发阿曼国内强烈的不满。中东

---

① "وفاة السلطان قابوس بن سعيد وتشييع جثمانه اليوم"، 11 من يناير 2020, https：//www. aljazeera. net/news/politics/2020/1/11/%D8%B9%D9%85%D8%A7%D9%86-%D8%A7%D9%84%D8%B3%D9%84%D8%B7%D8%A7%D9%86-%D9%82%D8%A7%D8%A8%D9%88%D8%B3-%D9%85%D8%B3%D9%82%D8%B7.（上网时间：2020 年 1 月 11 日）

② "من هو هيثم بن طارق آل سعيد سلطان عُمان الجديد؟"، 11 من يناير 2020, https：//www. aljazeera. net/news/politics/2020/1/11/%D8%B9%D9%85%D8%A7%D9%86-%D9%87%D9%8A%D8%AB%D9%85-%D8%A8%D9%86-%D8%B7%D8%A7%D8%B1%D9%82-%D8%A2%D9%84-%D8%B3%D8%B9%D9%8A%D8%AF-%D9%82%D8%A7%D8%A8%D9%88%D8%B3-%D8%A8%D9%86-%D8%B3%D8%B9%D9%8A%D8%AF（上网时间：2020 年 1 月 11 日）

③ "السلطان هيثم بن طارق يلقي أول خطاب له و يعلن ملامح سياسته الخارجية"، 11 من يناير 2020, https：//www. watan. com/2020/01/11/%d8%a7%d9%84%d8%b3%d9%84%d8%b7%d8%a7%d9%86-%d9%87%d9%8a%d8%ab%d9%85-%d8%a8%d9%86-%d8%b7%d8%a7%d8%b1%d9%82-%d9%8a%d9%84%d9%82%d9%8a-%d8%a3%d9%88%d9%84-%d8%ae%d8%b7%d8%a7%d8%a8-%d9%84%d9%87-%d9%88/（上网时间：2020 年 1 月 11 日）

剧变对阿曼的影响有限，游行示威民众提出的要求包括提供就业岗位、提高工资收入、惩治腐败等方面，但没有推翻苏丹政权的要求。卡布斯苏丹派出内廷大臣与示威者对话听取他们的诉求，做出提供五万个工作岗位、提高失业补贴、惩治腐败官员、设立国家财政和审计管理局、赋予协商委员会立法权等决定，平息了国内的不满情绪。在中东剧变中，阿曼示威民众对政府的诉求主要集中在就业和腐败问题上，归结起来还是国家转型中出现的问题，仍然需要进一步发展才能从根本上解决。

后卡布斯时代阿曼的发展方向，海塞姆苏丹已经明确表示继续沿着卡布斯苏丹的复兴道路前进，国家转型战略的大方向没有改变。相对于卡布斯苏丹，海塞姆苏丹必须依靠国内经济持续发展增加社会福利，为阿曼青年人提供更多的工作机会，改善阿曼人的生活条件，才能获得阿曼人民的支持，维护国内社会稳定。现在的阿曼青年大多出生在2000年前后，没有经历过1970年前阿曼极端封闭落后的社会阶段，对于阿曼国家转型取得的巨大成就缺乏直观的感受。同时，阿曼青年的公民意识更强，有强烈的表达和参与愿望，需要进一步拓宽政治表达的渠道，扩大政治参与的范围。而阿曼当前的经济形势并不乐观，阿曼的石油储量有限，2017年阿曼石油部副部长表示，阿曼的石油储量可以维持未来15年；[①] 国际油价持续走低，阿曼石油收入大幅减少，政府赤字规模扩大，2014—2018年阿曼政府赤字占GDP比例大幅提高，2016年达到最高值20%，2018年回落到9%。[②] 阿曼青年就业问题仍然存在，2018年1月再次爆发示威活动，阿曼政府承诺在六个月内创造25000个工作岗位。[③]

---

① “We have oil to last for 15 years, says Ministry Undersecretary in Oman”, Mar. 1, 2017, https://timesofoman.com/article/104060/Oman/We-have-oil-to-last-for-15-years-says-Ministry-Undersecretary-in-Oman（上网时间：2020年1月11日）

② “Oman Government Budget”, https://tradingeconomics.com/oman/government-budget（上网时间：2020年1月11日）

③ “Omani government working to create 25, 000 jobs in six months”, Jan. 26, 2018, https://www.egypttoday.com/Article/1/41087/Omani-government-working-to-create-25-000-jobs-in-six（上网时间：2020年1月11日）

卡布斯苏丹建立的阿曼政治制度和新型政府是一个开放的结构，给阿曼继续推动政治和经济领域改革提供制度基础。阿曼的国家转型进程进入新阶段，需要提高经济多样化和抗风险能力，通过持续改革释放经济活力，解决国内劳动力就业问题；同时进一步扩大政治参与，保障公民权利积极回应公民诉求，才能实现国家的长期稳定和可持续发展。

参考文献

一、中文文献

（一）专著

1. 艾周昌：《亚非发展中国家和地区现代化研究》，上海辞书出版社 2009 年版。

2. 《世界议会辞典》编辑委员会编：《世界议会辞典》，中国广播电视出版社 1987 年版。

3. 安国政主编：《世界知识年鉴（1998—1999）》，世界知识出版社 1999 年版。

4. 毕健康：《埃及现代化与政治稳定》，社会科学文献出版社 2005 年版。

5. 陈德成主编：《中东政治现代化：理论与历史经验的探索》，社会科学文献出版社 2000 年版。

6. 陈万里等：《二战后中东伊斯兰国家发展道路案例研究》，宁夏人民出版社 2015 年版。

7. 董正华编：《世界现代化进程十五讲》，北京大学出版社 2009 年版。

8. 郭树勇等编：《新编区域国别研究导论》，高等教育出版社 2020 年版。

9. 郭应德：《阿拉伯史纲（610—1945）》，经济日报出版社1997年版。

10. 哈全安：《阿拉伯半岛诸国史》，天津人民出版社2016年版。

11. 哈全安：《中东国家的现代化历程》，人民出版社2006年版。

12. 哈全安：《中东现代化进程中的世俗政治与宗教政治：以埃及、伊朗和土耳其为例》，中国社会科学出版社2017年版。

13. 何传启：《东方复兴：现代化的三条道路》，商务印书馆2003年版。

14. 韩志斌、仝菲、陈小迁编著：《阿曼》，大连海事大学出版社2018年版。

15. 黄培昭、苏丽雅：《当代阿曼苏丹国社会与文化》，上海外教育出版社2003年版。

16. 李少军：《国际关系学研究方法（第2版）》，中国社会科学出版社2016年版。

17. 李湘云：《当代坦桑尼亚国家发展进程》，浙江人民出版社2014年版。

18. 李宇：《国际传播视角下各国电视研究：现状与展望》，中国广播电视出版社2013年版。

19. 罗荣渠：《现代化新论——世界与中国的现代化进程（增订版）》，商务印书馆2004年版。

20. 牟方君、孙利龙主编：《世界海洋政治概论》，武汉理工大学出版社2017年版。

21. 纳忠：《阿拉伯通史》，商务印书馆2005年版。

22. 彭树智主编：《阿拉伯国家简史》，福建人民出版社1991年版。

23. 彭树智主编：《伊斯兰教与中东现代化进程》，西北大学出版社1997年版。

24. 钱乘旦、许洁明：《英国通史（珍藏本）》，上海社会科学院出版社2017年版。

25. 钱乘旦主编：《英国通史（第五卷）光辉岁月——19世纪英国》，

江苏人民出版社 2016 年版。

26. 钱其琛主编：《世界外交大辞典》编委会常务组编：《世界外交大辞典 A－L 上》，世界知识出版社 2005 年。

27. 世界知识年鉴编辑委员会编：《世界知识年鉴（2001—2002）》，世界知识出版社 2001 年版。

28. 世界知识年鉴编辑委员会编：《世界知识年鉴（2005—2006）》，世界知识出版社 2006 年版。

29. 仝菲、韩志斌、陈小迁：《列国志：阿曼》，社会科学文献出版社 2017 年版。

30. 仝菲：《阿拉伯联合酋长国现代化进程研究》，社会科学文献出版社 2013 年版。

31. 王绳祖主编：《国际关系史（第 2 卷）1814—1871》，世界知识出版社 1995 年版。

32. 王铁铮主编，王泰、王铁铮、冯璐璐、刘云、李志芬、相艳、黄民兴、蒋真、韩志斌：《世界现代化历程（中东卷）》，江苏人民出版社 2015 年版。

33. 王晓民主编：《世界各国议会全书》，世界知识出版社 2001 年版。

34. 魏忠英：《自然辩证法和历史唯物论》，群众出版社 2004 年版。

35. 吴彦：《沙特阿拉伯政治现代化进程研究》，浙江大学出版社 2011 年版。

36. 张建新：《能源与当代国际关系》，上海人民出版社 2016 年版。

37. 赵克仁：《美国与中东和平进程研究（1967—2000）》，世界知识出版社 2005 年版。

38. 赵伟明：《近代伊朗》，上海外语教育出版社 2000 年版。

39. 中国现代国际关系研究所世界人物大辞典编委会编辑：《世界人物大辞典（上）》，国际文化出版公司 1990 年版。

40. 钟志成：《中东国家通史（海湾五国卷）》，商务印书馆 2007 年版。

（二）译著

1. ［澳］麦克弗森著：《印度洋史》，商务印书馆 2015 年版。

2. ［美］阿卜杜拉·艾赫迈德·安那伊姆：《伊斯兰和世俗国家》，中国社会科学出版社 2014 年版。

3. ［美］彼得·J. 卡赞斯坦，秦亚青、魏玲、王振玲、刘伟华译：《世界政治中的文明 多元多维的视角》，上海人民出版社 2018 年版。

4. ［美］菲利浦·希提著，马坚译：《阿拉伯通史》，新世界出版社 2015 年版。

5. ［美］华尔兹著，信强译：《国际政治理论》，上海人民出版社 2008 年版。

6. ［美］拉马扎尼著，赵祥龄、段稚荃译：《波斯湾和霍尔木兹海峡国际战略通道》，世界知识出版社 1982 年版。

7. ［美］拉塞尔·哈丁著，刘春荣，汤艳文译：《群体冲突的逻辑》，世纪出版集团；上海人民出版社 2013 年版。

8. ［美］理查德·尼克松：《尼克松 1973 年对外政策报告》，上海人民出版社 1973 年版。

9. ［美］林肯·佩恩著，陈建军、罗燚英译：《海洋与文明》，天津人民出版社 2017 年版。

10. ［美］罗伯特·基欧汉著：《霸权之后：世界政治经济中的合作与纷争》，上海人民出版社 2016 年版。

11. ［美］皮尔斯：《政治学研究方法：实践指南》，重庆大学出版社 2014 年版。

12. ［美］塞缪尔·亨廷顿著，王冠华、刘为等译：《变化社会中的政治秩序》，上海人民出版社 2008 年版。

13. ［美］汤普森：《埃及史：从原初时代至当下》，商务印书馆 2012 年版。

14. ［美］西里尔·布莱克编：《比较现代化》，杨豫等译，上海译文出版社1996年版。

15. ［美］约翰·吉尔林：《案例研究：原理与实践》，重庆大学出版社2017年版。

16. ［英］菲利普·德·索萨著，施诚、张珉璐译：《极简海洋文明史》，中信出版社2016年版。

17. ［英］巴里·布赞、［英］理查德·利特尔著，刘德斌主译：《世界历史中的国际体系：国际关系研究的再构建》，高等教育出版社2004年版。

18. ［英］布尔：《无政府社会 世界政治中的秩序研究（第4版）》，上海人民出版社2015年版。

19. ［英］雷德：《现代非洲史（第2版）》，上海人民出版社2014年版。

20. ［英］尼科尔森：《十字军》，上海社会科学院出版社2013年版。

（三）论文

1. 陈小迁、韩志斌：《中东变局以来阿曼国家治理转型述评》，《西亚非洲》2017年第4期。

2. 樊明方、吴晓涵：《阿曼婚姻对等原则的社会基础、实践及前景》，《阿拉伯世界研究》2019年第1期。

3. 韩志斌、陈小迁：《政治发展理论视阈下的阿曼政治变局探究》，《国际论坛》2017年第4期。

4. 韩志斌、高文洋：《阿曼伊巴迪教派：历史生成与践行影响》，《世界宗教文化》2018年第6期。

5. 韩志斌、李庆丰：《多维视域中的阿曼伊斯兰社会》，《宁夏社会科学》2010年第4期。

6. 韩志斌：《阿曼“参与型政治”的发展》，《西亚非洲》2008年第8期。

7. 韩志斌：《阿曼伊巴迪教派初探》，《西亚非洲》2011年第4期。

8. 韩志斌：《阿曼伊巴迪教派初探》，《西亚非洲》2011 年第 4 期。

9. 罗林、邵玉琢：《“一带一路”视域下国别和区域研究的大国学科体系建构》，《新疆师范大学学报（哲学社会科学版）》2018 年第 6 期。

10. 罗林、邵玉琢：《国别和区域研究须打破学科壁垒的束缚——论人文向度下的整体观》，《国别和区域研究》2019 年第 1 期。

11. 邵玉琢、罗林：《基于“社会科学引文索引”的中东研究动态可视化分析》，《西亚非洲》2018 年第 6 期。

12. 唐宝才：《阿曼苏丹国政体初探》，《西亚非洲》1992 年第 4 期。

13. 袁鲁林：《几度兴衰的阿曼赛义德王室》，《世界知识》1992 年第 7 期。

二、阿拉伯语文献

（一）专著

1.الدكتور مسعود ضاهر، الاستمرارية والتغيير في تجربة التحديث العمانية، دار الفارابي : بيروت – لبنان، الطبعة الأولى عام 2008.

2.الدكتور مسعود ضاهر، سلطنة عمان : أربعون عاما من التنمية المستدامة 1970- 2010، دار الفارابي : بيروت – لبنان عام 2010.

3.سرجي بليخانوف، "مصلح على العرش قابوس بن سعيد سلطان عمان"، الطبعة الثانية مسقط 2005م.

4.وزارة الإعلام، عمان، 2017م.

5.الخليلي سماحة الشيخ أحمد بن حمد، المفتي العام لسلطنة عمان: البعد السياسي لأسباب الفقر وحلوله في العام الإسلامي، مكتبة الغبيراء، سلطنة عمان، عام2006.

6.الريس رياض نجيب، الخليج العربي ورياح التغيير، الطبعة الثانية، دار الريس للنشر، بيروت-لبنان، عام1990.

7.الريس رياض نجيب، ظفار: قصة الصراع السياسي والعسكري في الخليج العربي *1970-1976*، دار الريس للنشر، بيروت-لبنان، عام 1978.

8.الريس رياض نجيب، وثائق الخليج العربي، طموحات الوحدة وهموم الاستقلال، دار الريس، بيروت-لبنان، عام1990.

9.الزين حسان محمد، ميلاد المثابة العمانية، دار الناشر العربي، بيروت، عام2006.

10.الفهدي صالح، مسيرة الإنجاز:تأملات في النهضة العمانية الحديثة، سلطنة عمان، عام2005.

11.الموافي عبد الحميد، عمان بناء الدولة الحديثة، مصر، عام2002.

12.جابر فاضل، عمان في عهد الإمام أحمد بن سعيد *1783-1744*، دراسة في التاريخ السياسي الحديث، الطبعة الثانية، مسقط، عام1994.

13.حسن موسى جعفر، تطور القانون الإداري العماني، مسقط، عام1990.

14.حمودي هادي حسن، عمان الشورى والدمقراطية، وزارة الإعلام في سلطنة عمان، مسقط، عام2005.

15.رشوان عاصم، تجربة الشورى العمانية رؤية شاهد عيان، دار الخليج، الشارقة، عام2009

16.عبد البليك، صاحب الجلالة قابوس بن سعيد الأمل المتحقق، الطبعة الثانية، مؤسسة عمان للصحافة والنشر والإعلان، عام 2016

17.غباش حسين غانم، عمان والديموقراطية الإسلامية: تقاليد الإمامة والتاريخ السياسي الحديث *1970-1500*، دار الجديد، بيروت، عام1997.

18.فريحة نمر، التربية المواطنية في فكر السلطان قابوس، دار الإبداع، بيروت، عام2006.

19.قرقش محمد، عمان والحركة الإباضية، منشورات مؤسسة علوم القرآن بالاشتراك مع مكتبة مسقط، عام 2003.

20.كريم فرمان، في كيفية عمل النظام السياسي مبادئ نظرية مع دراسة تطبيقية على النظم السياسة في سلطنة عمان، الجزائر، فرنسا، إيطاليا، الدار العربية للموسوعات، عام2009.

三、英文文献

（一）专著

1. Al – Farsi, Sulaiman, *Democracy and youth in the Middle East: Islam, tribalism and the Rentier State in Oman*, Bloomsbury Publishing, 2013.

2. Allen, Calvin H., *Oman: the modernization of the sultanate*, Westview Press, 1987.

3. Facey, William. *Oman: a seafaring nation. Ministry of Information and Culture*, the Sultanate of Oman, 1979.

4. Funsch, Linda Pappas, *Oman Reborn: Balancing tradition and modernization*, Springer, 2015.

5. George F. Hourani, *Arab seafaring in the Indian Ocean in ancient and early medieval times*, Princeton University Press, 1995.

6. Jeremy Jones, *A history of modern Oman*, Cambridge University Press, 2015.

7. Ministry of Information, Sultanate of Oman, *Oman in History*, Immel

Publishing Ltd. London, 1995.

8. Wippel, Steffen. *Between the Arab World and the Indian Ocean: Dimensions of Oman's Economic Regionalisation.* Leipziger Univ. – Verlag, 2010.

（二）论文

1. Al – Ani, Wajeha. "Alternative education needs in Oman: accommodating learning diversity and meeting market demand." *International Journal of Adolescence and Youth* 22. 3 (2017).

2. Al – Ismaili, Ahmed. "Ethnic, Linguistic, and Religious Pluralism in Oman: The Link with Political Stability." *AlMuntaqa* 1. 3 (2018).

3. Almarshudi, Ahmed Salim. "Traditional Irrigated Agriculture in Oman: Operation and Management of the Aflaj System." *Water International* 26. 2 (2001).

4. Al – Sayegh F. The UAE and Oman: Opportunities and challenges in the twenty – first century. *Middle East Policy*, 2002, 9 (3).

5. Al – Yahyai, Rashid, and Sulaiman Al – Khanjari. "Biodiversity of date palm in the Sultanate of Oman." *African Journal of Agricultural Research* 3. 6 (2008).

6. Bhacker, M. Reda. "Family strife and foreign intervention: causes in the separation of Zanzibar from Oman: a reappraisal." *Bulletin of The School of Oriental and African Studies – university of London* 54. 2 (1991).

7. Bose S, Al – Mazrouai A, Al – Habsi S, et al. Fisheries and food security: The case of the Sultanate of Oman//*Proceedings of the International Conference on Food Security in the Arab Countries: New Challenges and Opportunities in the Context of Global Price Volatility.* 2010.

8. Eickelman, Dale F. "Kings and people: Oman's state consultative council." *Middle East Journal* 38. 1 (1984).

9. Eickelman, Dale F.. "From Theocracy To Monarchy: Authority And

Legitimacy In Inner Oman, 1935 - 1957." *International Journal of Middle East Studies* 17.01 (1985).

10. Halliday, Fred. "Arabia without sultans revisited." *Middle East Report* 204 (1997).

11. Hughes, Geraint. "A Proxy War in Arabia: The Dhofar Insurgency and Cross - Border Raids into South Yemen." *Middle East Journal* 69.1 (2015).

12. Jafari, Valdani Asghar. "The Geopolitics of the Strait of Hormuz and the Iran - Oman Relations." *Iranian Review of Foreign Affairs*. 2012, 2 (4).

13. Jones, Jeremy, and Nicholas Ridout. "Democratic Development in Oman." *Middle East Journal* 59.3 (2005).

14. Kelly, J. B.. "Hadramaut, Oman, Dhufar: the experience of revolution." *Middle Eastern Studies* 12.2 (1976).

15. Kumar, Jatin. "Municipal Council Elections in Oman, 2016." *Contemporary Review of the Middle East* 4.4 (2017).

16. Mainuddin, Rolin G., Joseph R. Aicher Jr, and Jeffrey M. Elliot. "From alliance to collective security: rethinking the Gulf Cooperation Council." *Middle East Policy* 4.3 (1996).

17. O'reilly, Marc J. "Omanibalancing: Oman confronts an uncertain future." *The Middle East Journal* (1998).

18. Peterson, J. E. "Oman's Diverse Society: Southern Oman." *Middle East Journal* 58.2 (2004).

19. Rabi, and U. "Majlis al - Shura and Majlis al - Dawla: Weaving Old Practices and New Realities in the Process of State Formation in Oman." *Middle Eastern Studies* 38.4 (2002).

20. Wilkinson, J. C.. "The Oman Question: The Background to the Political Geography of South - East Arabia." *The Geographical Journal* 137.3 (1971).

21. Zanoyan. "After the oil boom: The holiday ends in the gulf." *Foreign Affairs* 74.6 (1995).